# チリが積もって15億

FXで成り上がった
僕とあなたの
微差

ジュンFX

扶桑社

# はじめに

まずは本書を手に取っていただき、ありがとうございます。

本書の内容を理解し、日々真剣に相場と向き合えば、勝てるようになるでしょう。勝てるようになったら、ぜひ読み返してみてください。「結局、あの本に書いてあった内容がすべてだったんだ」と気づいてもらえると思います。

すでにFXで勝っている人が読んだときには「スキャルピングに必要なことはこの本に全部書いとるやん」って思ってもらえるように本書を作ったつもりです。

FXのスキャルピングにおける勝ち方なんて、みんなほぼ同じです。奇をてらうような戦略はほとんどの場面で必要ありません。

相場の大半の動きはセオリーどおりに消化されます。ただ、成熟して効率化が進んだ為替市場では合理的な選択（トレード）を繰り返すだけだと、あまり旨味がありません。

スキャルピングは効率化されていない、いわゆる「歪み」を狙うトレード手法です。まずは、そういう視点から読み進めてもらえると理解しやすいかもしれません。

勘のいい人はさわりを読めば、あとは確認作業になるはずです。そうでない人もゆっくり相場とすり合わせながら読んでいただければ、ご理解いただけると思います。

「勝ち方」にはその時々の〝旬〟があります。

適当に始めたやり方がハマって、いきなり大きく勝つ人もなかにはいると思います。底辺から成り上がるためには一発当てることがめちゃくちゃ大事です。その点で、「大相場以外でも勝ち続ける基礎を磨きつつ、勝負どころの大相場で大きく勝つための力をつける」というのが理想ではないでしょうか。

そんな考えもあって、書籍の話をいただいたときに思ったのは、トレード力を底上げするための普遍的に通用するであろう考え方や手法の組み立て方が身につく本にしたいということでした。

どんなに努力しても、立っているスタートラインが見当違いなところだと結果に繋がりません。よーいどんでスタートを切っても、相場でコテンパンにされ「何をやってるのかもわからない状態」になってしまいます。そうではなく、「自分が相場で何をやってるか」を理解しながらトレードができるよう、「努力が結果に繋がるスタートライン」

を本書では引いたつもりです。

少し話が変わります。

勝てるようになるまでに僕は、ＦＸ以外の分野の本もたくさん読みました。ほかの競技から勝ち方を探るためです。その1つがポーカーでした。

僕の持論は「相場の課題は日常生活に照らし合わせて改善点を探る」というものです。相場のヒントは勝負事をはじめ、買い物やスポーツなど日常で経験する何げない気づきから得られると思っています。転移学習と呼ばれるように、ほかのギャンブルの攻略法や日常生活から相場の突破口を探るのも有効だと思います。

ポーカーをかじったことでＦＸとの共通点を多く感じました。そのため、ポーカーを例に出して説明している箇所もあります。ポーカーをやったことがない人にはややこしくしてしまった面も否めませんが、知識はなくとも問題ない程度の引用ですのでゆっくり読んでもらえればいいと思います。

本書を読まれる前に、皆さんへ伝えたいことが3つあります。

1つ目は、理論だけでFXはうまくならないということです。スポーツでもそうですが、打ち込みや反復練習が必ず必要になります。理論を知るだけでなく、身体に染み込ませるプロセスが絶対に必要です。スキャルピングでも頭でっかちになりすぎず、身体が自然と動くように反復練習を繰り返してください。

2つ目に、「今の結果」は「今までやってきたこと」の蓄積だということを理解してください。「今、勝てていない」という結果があるならば、「今までやってきたこと」がズレている」ということです。そのときは「今までやってきたこと」は、一度すべて忘れてリセットしてください。

3つ目に、この本の価値を決めるのはあなたです。そして、本書の内容を盲信してください。

全力で書いた本です。皆さんに全力で読んでもらえると嬉しいです。貪りつくすつもりで読めば、いずれ必ず勝てます。食べ終わったあとには皿がピカピカになるくらいまで貪ってください。

皆さんが勝てるようになったら、この本を周囲の人にも薦めていただけると幸いです。

2024年7月31日　ジュンFX

# チリが積もって15億

FXで成り上がった僕とあなたの微差

目次

デザイン:鈴木貴之
イラスト:沼田光太郎
ＤＴＰ:生田敦
図版:ミューズグラフィック

# 1 勝ち方の発見 ～節目と現象～

## ●FXの勝ち方は決まっている

FXには「勝ち方」があります。

突然こう言われたら驚く人がいるでしょう。怪しむ人もいるでしょうね。でも、FXで稼いできた僕の経験上、少なくとも「勝ちパターン」は決まっていると思います。

この本では、僕の経験をもとに、5年後も10年後も通用する普遍的な知識を伝えていきたいと思っています。

**僕のトレードスタイルは「スキャルピング」です**。早ければエントリーしてから決済まで数秒、長くても数分程度の**超短期の取引**になります。一般的にはあまり知られていないかもしれませんが、スキャルピングで億単位の利益を上げている人が数多くいます。

僕以外のトレーダーがどんな手法で取引しているのか、詳しくは知りません。でも、話していると、**自然と同じポイントを同じ視点で見ている**ことに気がつきます。同じチャートを見て、同じようなスタイルでトレードしようとすれば、自然と似たような手法になるようです。だから、こう言い切ってしまってもいいでしょう。

**スキャルピングの勝ち方は決まっている——**。

この本では、そんなスキャルピングの勝ち方を説明していきます。

稼ぐための具体的な手法にも触れますが、手法の解説が本書の目的ではありません。永遠に通用する手法なんてものはなく、時代とともに変わっていくものだからです。

皆さんに伝えたいのは、手法の前提となる相場の見方であり考え方です。相場がどのような仕組みで動き、どこにスキャルピングのチャンスがあるのか。そのためにはどんな準備が必要なのか。

そうした話は5年後も10年後も通用する、よほど為替市場が変質しない限りは役に立つであろう知識だからです。

では、どのようにスキャルピングをすれば勝てるのか？

結論から言います。

**スキャルピングで狙うのは、高値・安値などの「節目」です**。スキャルピングの手法とは、**節目を抜けたときに起きる「現象」へ順張りするか、逆張りするか、この2つだけです**。勘のいい人なら、これだけで理解できるかもしれません。まだピンとこない人も、ここからの説明を読んでいただければ理解してもらえると思います。

## ●FXで成功する3つのタイプ

FXで成功する人には3つのタイプがあります。

その1つが、①**圧倒的にセンスのある人**。性格的にもトレーダーに向いていて、値動きも読める。そんな人がごく稀にいます。節目や現象といった言葉を聞いただけで、ピンときてしまうような人です。なろうとしてなれるものではありません。

次に②**努力ができる人**。センスのなさを努力で補う人です。努力できることも才能かもしれませんが、FXは〝正しい努力〟をしないと勝てるようにはなりません。裏返せば、センスのない人でも人並み外れた努力を積むことで誰もが勝てるようになる可能性を秘めています。僕自身は、このタイプだと思います。僕の影響を受けて勝てるようになったと言ってくれる人たちの多くもこのタイプです。

最後は、③**手段を選ばない人**。恥も外聞も捨てて勝ち方を聞きまくり、どうにかしてしまう人です。例えば、勝っている人のSNSでの発信にすべて「いいね」を押して、コメントもつけながら引用リポストしたり、会える機会があればすかさず足を運んだり、そうやって食らいつきながら勝ち方のヒントを得て勝ち組になるような人がいます。コミュニケーション能力の高さなのか、空気を読まない力なのか、このタイプはセンスとも努力とも異なる別の能力があるように感じています。

第８章に登場するナナキさん（@Nanaki5568）やはんさん（@hansan_fx）は②の努力を重ねて勝てるようになったタイプです。でも、**僕が推したいのは③。なりふり構わず型です**。このタイプで勝てるようになった人も数多くいます。

センスはない、地道な努力も苦手だけど手段を選ばず、どんな勝ち方であろうが勝てばいいと割り切って、思いついたことはすべて試してみる――それもまた成り上がる方法の１つです。

**ＦＸで、スキャルピングで勝つために何をすればいいのか。**それをこれからご案内します。

何が相場の節目となり、節目ではどんな現象が起こるのか――。本書を読み終え、内容を理解していただけたら、あなたのトレーダー人生の節目となり、前向きな現象が起きるはずです。

## ●深夜残業からのFX検証

「あかん、行ってもた。また損切りや」

実家が営む店舗の2階は薄暗く、モニターに映るローソク足がやけにきらめいて見えました。

FXを始めた16年前のこと。営業を終えたあと、深夜になるとパソコンの電源を入れ、チャートと向き合う生活が続いていました。朝から働き、昼も仕事、夜も仕事、深夜にやっと帰宅するとFXの検証を始めて、空が白む頃にようやくわずかな睡眠を取り、また仕事が始まる――そんな生活でした。

家族経営の会社で働きながらのトレードでした。一家総出で馬車馬のように働いているなか、FXなんてわけのわからないもので稼ごうとする僕に対する家族の風当たりは強かった。でも、一旦FXに夢を見たら、そっちしか見えなくなってしまったんです。

納得させるには稼ぐしかないと、仕事に手を抜かず、日々の検証に没頭していました。

僕がFXを始めたのは2008年です。今でこそ米ドル/円の**スプレッド（買値と売**

**値の差＝ＦＸの取引コスト）**は０・２銭が当たり前になっています。でも、僕があがいていた頃はその10倍以上の２銭、３銭が当たり前でした。

ＦＸでは取引手数料を無料とする会社がほとんどなので、スプレッドが取引コストとなります。１米ドル（１通貨）あたり２銭だと、ＦＸの一般的な取引単位である１万通貨の場合の取引コストは２００円。**現在の僕は１回１００万通貨で発注することが多いのですが、スプレッド２銭のときに１００万通貨で取引すると２万円になります。ところが、今のようにスプレッドが０・２銭だと１００万通貨の取引コストは２０００円。**10分の1です。

今がいかに恵まれた環境にあるかがわかります。反対に、当時は1銭、２銭を抜くような超短期取引のスキャルピングは難しい環境でした。

それもあって当時の僕がやっていたのは、数時間はポジションを持ち続けるデイトレードの検証でした。

どんな検証をしていたかというと、その頃に有名だったFさんというブロガーの取引履歴の検証でした。

Fさんはブログで自分の取引履歴を公開していました。それを見ていると、めちゃくちゃ成績がいい。明らかに勝ち組トレーダーでした。

Fさんは取引した時間やレートを細かく公開していたので、買ったポイントや売ったポイントをチャートに記録していきました。本物の勝ち組であるFさんがどんな意図をもって取引したのかを推測すれば、自分も勝ち組になれると思ったんです。

「Fさんは何を考えてここで買ったんだろうか……？」

何かヒントがないかと必死に検証を続けながらFさんを追いかけました。

1年くらい続けたでしょうか。僕はやり始めたら長いんです。映画や動画を見ていても、お気に入りのシーンがあったら、同じ場面を何度でも見ていられる。昨日見たけど今日も見る。明日も明後日も見る。自分の感性を刺激するシーンだったらずっと見続けてしまう。

## ●1年間の検証と〝偽トレーダー〟

「この履歴、土曜日にトレードしている？」

Ｆさんのトレードをひたすら追いかけていたある日、どうやってもチャートに印をつけられないトレードがありました。

為替市場が動くのは月曜の朝から金曜までです。正確にいえば月曜の朝7時から土曜の朝6時まで（冬時間は月曜の朝7時から土曜の朝7時まで）ですが、Ｆさんの取引履歴に記されていた時刻は土曜の日中でした。

Ｆさんが使っているＦＸ会社はわかっています。電話をかけて確認しました。

「御社では土曜日に取引できますか？」

今だったら、この事実ひとつで「こいつ、取引履歴を偽造しとるわ。偽トレーダーやな」とわかります。でも、当時の僕はまだウブでした。

「土曜日に取引できるＦＸ会社があるんやろうか」と思ったのですが、そんなはずはありません。

問い合わせの電話を終えた瞬間、Ｆさんへの信頼と尊敬、そして1年間の努力は無に帰しました。

Ｆさんはできあがったチャートを見ながら「ここで買って、ここで決済したことにしよう」と取引履歴を偽造しているだけの偽物でした。そうして集めた僕のような**無知な**

**投資家をカモにして、セミナーやアフィリエイトに誘導して稼ぐ〝偽トレーダー〟**だったのです。

朝8時から23時まで働いてからチャートと向き合うので、ほぼ常に睡眠不足の状態でした。そんな生活だから健康診断を受ければ尿酸値が引っかかる。だけど、病院へ行く時間が惜しいから放ったらかしにしていると、今度は頭痛が治まらない。体の不調を見て見ぬふりをして「働かざるもの食うべからず」と自分に言い聞かせながら検証した1年間。あの時間は一体何だったのか――。

成果ゼロ。時間もすべてムダ。**残ったのは1万pips負けの驚異的な敗北の記録**だけ。

当時は検証だけでなく、リアルマネーでの取引もしていました。

1万円入金して1000通貨で取引し、大負けして口座を飛ばして（お金をすべて溶かして）、また入金。また大負けして、トータルでは月間1000pipsくらいは負けていたと思います。

**ｐｉｐｓはＦＸ独特の取引単位**で、**米ドル／円なら１ｐｉｐ＝１銭**です。１００銭が1円なので１０００ｐｉｐｓは10円になります。１０００通貨で取引して１０００ｐｉｐｓ負けると「１０００通貨×10円」で１万円です。毎月１万円負けを１年続けて12万円。さらには情報商材を買ってしまったり、商品先物に手を出してしまったりして、ここまでに費やした金額は約２００万円に達していました。

ようやっと給料から入金しても煙のように消えていくお金。この頃はメンタルが本当にしんどかった……。

でも、その成果としてＦＸに本気になっていました。

**ＦＸで負けるのは納得がいっても、偽トレーダーに騙されるのは話が違う**。検証に明け暮れた１年間は本当にハードな日々でした。「もう一度やり直せ」と言われたら、その先に成功が待っているとわかっていてもやり直したくない。

Ｆさんに騙された僕は、それでもブログ巡りをやめませんでした。今度こそ本物のトレーダーから学ぼう、盗もうとしてたどり着いたのが、Ｍさんのブログでした。

そこに書かれていたのは「ＦＸには聖杯がある」ということ。

聖杯とは「絶対に勝てる手法」です。チャートがある条件を満たしたときに買えば必ず勝てる——それが聖杯です。この条件にはテクニカル分析が使われることが多く「移動平均線が上向きのときに**オシレーター（売られすぎ・買われすぎなど相場の過熱感を示すテクニカル指標。RSIやストキャスティクスなどが代表例）**が売られすぎゾーンに達したら買い」などと、さも真実味があるように語られます。

しかし、FXに聖杯なんてありません。

今ならば「FXに聖杯がある」と言っている時点で「こいつは偽トレーダーやな」とわかります。でも、当時の僕はその存在を信じていました。

Mさんも結局、「おれが運用して得た利益を山分けするから」とそそのかしてブログ読者からお金を集めて〝飛び〟ました。持ち逃げです。

2度も偽トレーダーに引っかかった僕は、「自分の何が間違えているのか」さえわからない状態でした。

なぜ、そこまでしてFXにこだわったのか？　ものすごく単純な話です。

小学校では足の速い子がもてはやされる。中学校ならタバコを吹かすマセた子がクラスのボスになるし、高校だと性的な経験が男を測る物差しになる。その延長で、当時の僕はお金を見ていました。高校で悪ぶって偉そうにしていたヤツが、金ピカの時計をはめた大人にはペコペコする。大人の世界はお金が物差しなんだ、と思っていたからです。自分が一発逆転するにはＦＸが一番の近道なんじゃないか、そう思い込んでいました。

その次に知ったのはＫさんというトレーダーです。

彼もまた偽トレーダーであることが「２ちゃんねる」で暴かれました。

ただ、Ｋさんの教えのなかにはたった１つだけ、真実が交じっていました。

**「ＦＸで勝つための近道がスキャルピングである」**ということです。

ここから、僕はスキャルピングというトレードスタイルにのめり込んでいくことになります。

## ●なぜスプレッドが広がるのか？

僕が見つけた３人目の師匠こと偽トレーダーＫは、偽物ではありましたが、大切な１つのことを教えてくれました。

スキャルピングは数秒から数分で決済する超短期の取引スタイルです。銀行の為替ディーラーとして働いていたような**プロからすれば「邪道」**です。

彼らに言わせれば、**FXの「王道」は金融市場の大きな流れに乗って数日持ち越して大きな値幅を取るトレード**でしょう。トレンドに沿ったエントリーで、決済までに数日から数週間をかける「スイングトレード」です。

でも、何がFXの王道なのか邪道なのか、そんなことは正直どうでもいい。僕らにとって大切なのは「稼げるかどうか」だけです。稼げるなら、王道でも邪道でも横道でもどんな道でもいい。

スキャルピングという取引スタイルを知った僕は、その研究に明け暮れました。

そこで気になったのが経済指標発表時の**「スプレッドの広がり」**です。

FX会社は「米ドル/円0・2銭（原則固定）」というようにスプレッドを明示しています。スプレッドはFXの取引コストとなります。スプレッドが0・2銭なら、1万通貨買った場合の取引コストは20円（1万通貨×0・2銭）です。

ただし、「原則固定」と書かれているように、スプレッドは完全に固定されているわ

## 図01　スプレッド縮少がスキャルピングの追い風に

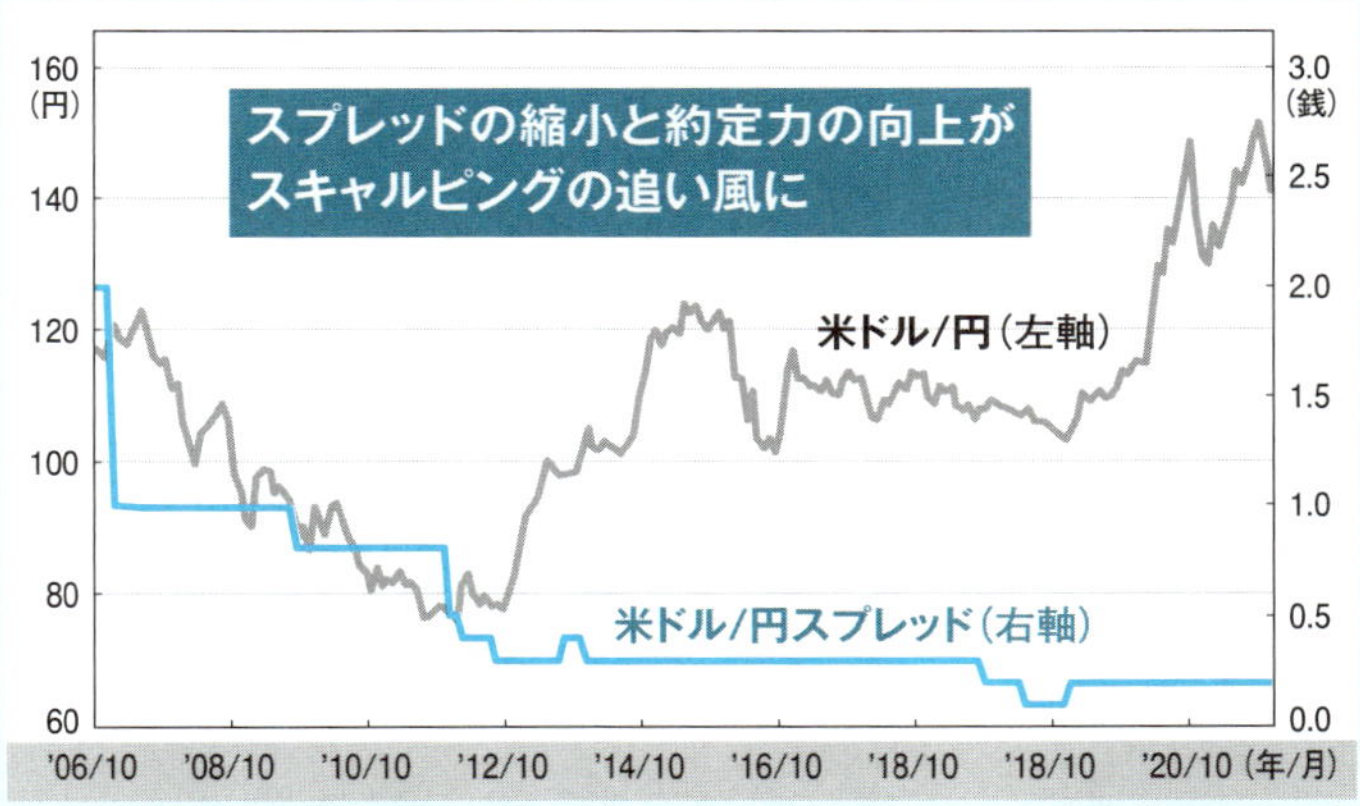


けではありません。ほぼ０・２銭だけど、時として０・９銭、２・１銭と広がることがあります。

**どんなときに広がるかというと、ボラティリティ（変動率）が高まるとき**です。つまり、**為替レートが急激に変動するタイミング**です。

例えば、毎月第１金曜の21時半（冬時間は22時半）に発表される米雇用統計や毎月15日前後に発表される米ＣＰＩ（消費者物価指数）など、注目度の高い経済指標（図02）が発表された直後がその典型です。あるいは、ＦＯＭＣ（米連邦公開市場委員会）や日銀などの金融政策が発表された直後もスプレッドは広がります。

注目度の高い経済指標の発表直後には数秒で米ドル／円レートが50銭、１００銭と動くことがあり、スプレッドが５銭、10銭、あるいはＦＸ口座によってはもっと広がります。スプレッドが10銭のときに買うと、その瞬間に10銭幅の含み損を抱えます。買値から10銭上がってやっとトントンなので非常に苦しい勝負になります。

**なぜ、ＦＸ会社はスプレッドを広げるのでしょうか。広げないとＦＸ会社が儲けられない**という理由のようです。

ＦＯＭＣの結果が出て、「予想に反して利上げした」となったら「米ドルが買われるだろう」とサルでもわかります。そうするとみんなが米ドルを買います。ＦＸ会社はみんなが入れた買い注文に合わせて、米ドルをインターバンク市場（金融機関などが資金の運用と調達を行う市場。銀行間取引市場とも言われる）から調達しないといけません。そうしなければＦＸ会社は、投資家の「米ドル買い」と対になる「米ドル売り」のポジションを抱え続けることになるからです。

インターバンク市場で米ドルを買って、**投資家と同じポジションにすることで、ＦＸ**

## 図02 為替市場で注目される経済指標

| | 指標 | 重要度 | 発表時期 |
|---|---|---|---|
|  | 雇用統計・失業率 | ★★★ | 毎月第1金曜日21:30(22:30) |
| | 消費者物価指数(CPI) | ★★★ | 毎月15日頃21:30(22:30) |
| | ADP全国雇用者数 | ★★ | 雇用統計の2営業日前21:15(22:15) |
| | 小売売上高 | ★★ | 毎月15日頃21:30(22:30) |
| | 消費者信頼感指数 | ★★ | 毎月25〜月末23:00(24:00) |
| | 住宅着工件数 | ★★ | 毎月15日頃21:30(22:30) |
| | 新規失業保険申請件数 | ★★ | 毎週木曜日21:30(22:30) |
| | 鉱工業生産指数 | ★★ | 毎月14〜17日22:15(23:15) |
| | ISM製造業景況指数 | ★★ | 毎月第1営業日23:00(24:00) |
| | FOMC(政策金利発表) | ★★★ | 約6週間ごとに年8回27:00(28:00) |
| | FOMC議事録公表 | ★★★ | 政策金利発表の3週間後27:00(28:00) |
| | GDP速報値 | ★★ | 1・4・7・10月の21〜30日21:30(22:30) |
|  | ECB理事会(政策金利発表) | ★★★ | 毎月第2木曜日20:45(21:45) |
|  | 日銀政策決定会合 | ★★★ | 年8回・各2日間11:00〜15:00 |

※欧米の経済指標発表時間は夏時間。(　)内は冬時間

## 図03　FXの為替レート配信の仕組み

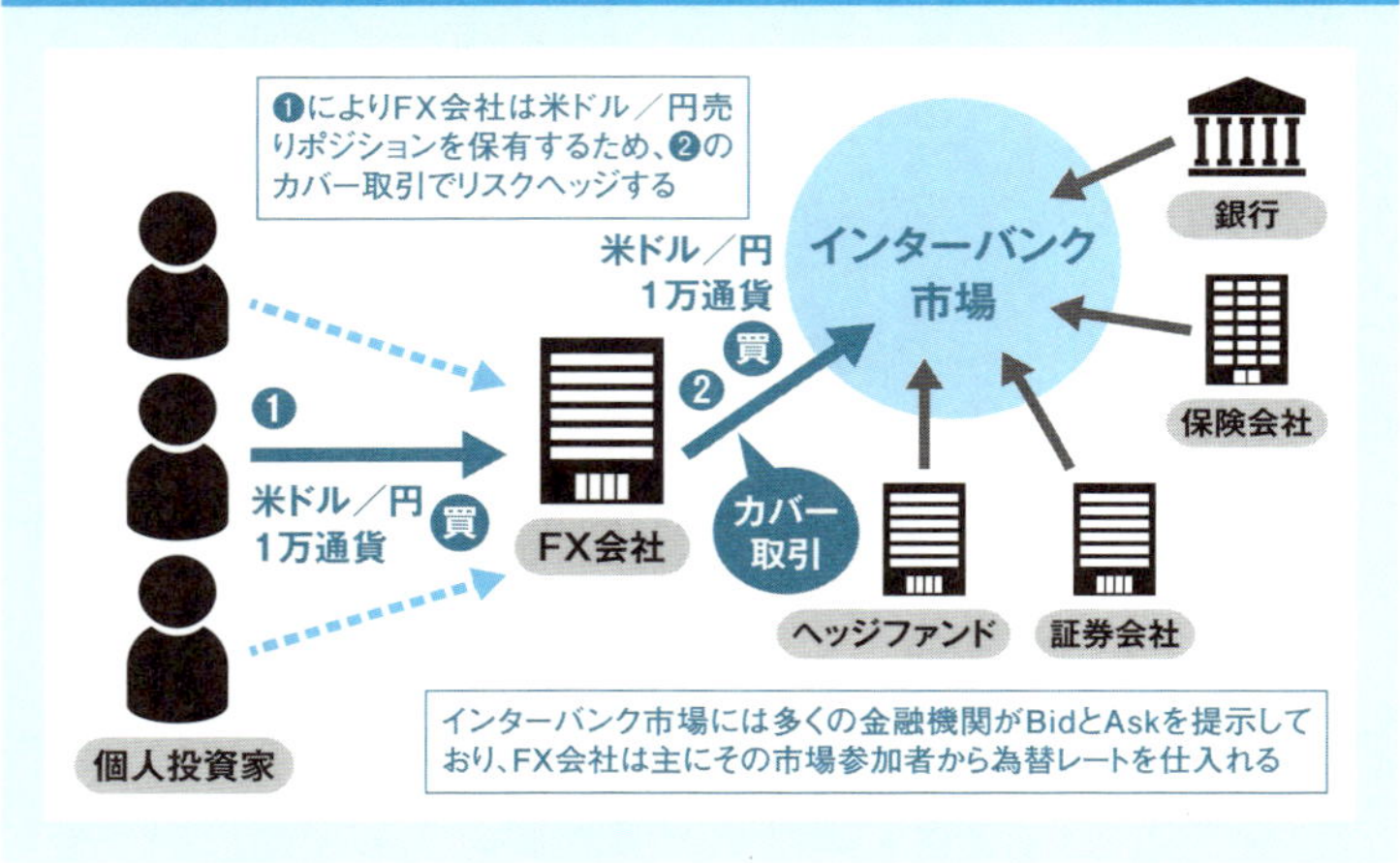


**会社はリスクヘッジする**わけです。これを一般に**「カバー取引」**と言います（図03）。

でも、みんなが米ドルを買いたくなるようなときにはインターバンク市場でもみんなが米ドルを欲しがるので米ドルの売値が上がり、インターバンク市場のスプレッドも広がります。そのため、FX会社もスプレッドを広げざるを得なくなります。

こうした**荒れる経済指標でどんなトレード手法があり得るか、想像してみてください**。

僕自身がやっていたのはこんなトレー

ドでした。

上下どちらに動くかわかりませんが、ボラティリティが高まる可能性は非常に高いので、「発表直後に上がれば買い、下がれば売り」とエントリーする方法が1つ考えられます。

実際に僕が行っていたのは、OCO（One Cancels the Other）注文を利用した手法でした。OCO注文とは、2つの注文を同時に入れる注文で、片方が約定すると、もう片方は自動的にキャンセルされます。

例えば、米ドル／円で155円の買いポジションを持っているときに「156円で売りの指値（利益確定）、154円で売りの逆指値（損切り）」といったようにOCO注文を入れると利益確定と損切りが同時に発注され、利益確定が約定すると損切りはキャンセルされます。

僕はこのOCO注文をエントリーに利用しました。例えば「経済指標発表直前のレートから5銭上に買いの逆指値、5銭下に売りの逆指値」といった設定のOCO注文を入れます。

指標発表で5銭以上動けば、動いた方向にだけエントリーするため、あとはいいところで決済するだけです。上（上昇）であれ下（下落）であれ、**どちらかに大きく動いてくれれば利益になる手法**でした。

ただ、それもしばらくすると通用しなくなりました。指定したレートよりも不利な方向に乖離したレートで約定するようになったからです。考えてみれば当然の話で、経済指標でサプライズがあると155円の次のレートが155・15円へと一気に15銭跳ねるようなことも珍しくありません。そのとき155・05円で逆指値の買いを入れていても約定するのは155・15円です。ただ、当時は指定した155・05円で約定してくれるFX口座があったからできた手法でした。

それが通用しなくなったとき、次に登場したのは「経済指標の発表直前に両建てでポジションを持っておく」という方法でした。ほかのトレーダーが以前から実践していた手法です。買いと売り、両方のポジションを持っておき、それぞれに5銭ほど離れたレートに損切りの逆指値注文を入れておきます。すると、発表直後に急変したとき、片方は損切りされますが、もう片方は含み益となってくれます。

損切りの逆指値は滑らずに約定してくれるという、そのときに使っていたFX口座の

## 図04 スキャルピングにおける重要項目

| | |
|---|---|
| スプレッド | 取引コスト。収益に直結するため狭ければ狭いほどいい |
| 高値・安値 | 注目度の高い高値・安値ほどプライスアクションが起こりやすい |
| オーダー状況 | 注文が買い・売りともに多く溜まっていると値動きが重くなり、少ないと軽くなる |
| レート | 末尾が.00や.50の「ラウンドナンバー」はオーダーが溜まりやすい |
| 値動き・ティック | 直近のプライスアクションに異変があればトレードチャンスに繋がる |
| チャートの形 | ヘッド&ショルダーなど多くの人が同じように判断する形だと値動きの予測が立てやすくなる |
| 時間 | 仲値などでは時間をトリガーにしてプライスアクションが発生 |

特徴を利用した手法でした。

OCO注文でのエントリーも、両建てエントリーも**業者の特性を利用した「抜け道」的な攻略法**でしたが、次第に注文レートどおりに約定しなくなり、使えなくなってしまいました。

のちに知ったのですが、指標結果を自動的に入手して素早くポジションを取ってくれる「シークレットニュース・ウェポン」という売買ツールがあったようです。今はもう使えなくなってしまったツールですが、指標のデータがどこよりも詳しく載っていました。興味のある人は検索してみてください。

**業者の特性を利用した攻略的な手法はイタチごっこになりがち**ですが、ボラティリティが高まる場面では何かしらのやり方、抜け道が見つかることがあります。一方で、「為替「スプレッドが広がる」と取引コストが上がり、収益性が低下します。一方で、「為替市場が大きく動いている」タイミングでもあります。そこには攻略の余地があるかもしれません。

もちろん「スプレッドが広がったら、やみくもに突っ込んでいけ」という話ではありません。スキャルピングで狙っていく値幅は1銭、2銭程度。スプレッドの狭さがあって初めて成り立つ取引スタイルです。5銭、10銭とスプレッドが広がっていては到底、成り立ちません。

**スプレッドはスキャルピングの収益に直結します**。重要度でいえば「★★★★★」(図04)。僕がスキャルピングに光を見いだしたのは、偶然ではなく環境の変化があってのことでした。

ちょうどその頃、米ドル/円のスプレッドが1銭以下へと狭まっていったのです。取引環境の劇的な変化によってスキャルピングという新たな取引スタイルが登場し、僕もそれに気がついて**スキャルピングへと導かれ、気がつけばチリが積もって15億円に**なった……という流れです。

## ●「FXの常識」にとらわれない

勝てない時代、僕はいろんなFX本を読みました。共通して書かれていたことの1つが、先ほど紹介した「FXの王道はトレンドに乗ったスイングトレードである」でした。また、**必ずといっていいほど「ナンピンは禁物」と書かれていました。**今なお、「ナンピン＝FXのタブー」とされることが多いかと思います。

ナンピンについて、簡単に説明しておきます。

「これは上がりそうだ」と思って買いでエントリーした。それなのに下がった……。そんなときに再び買いを入れるのがナンピンです。最初の買い（1万通貨）が160円、2回目の買い（1万通貨）が150円ちょうどだとすると平均レートは155円になります。最初の買いだけだと損益をトントンに戻すには150円から10円の上昇が必要ですが、ナンピン買いを入れたことで5円上がるだけでよくなります。これがナンピンの

## 図05 ナンピンのメリット・デメリット

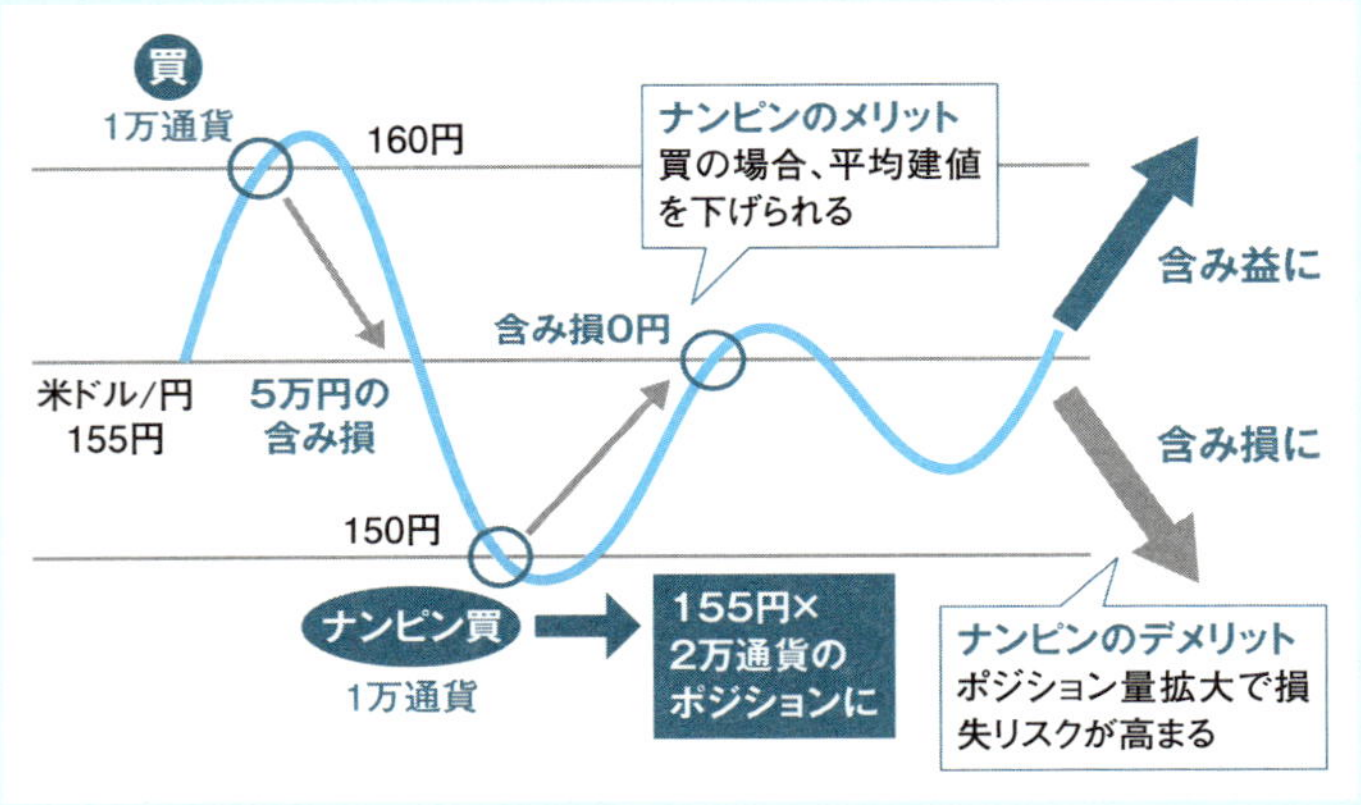


効果です。

ただ、ナンピンは一般にはタブーとされています。なぜかというと、トレードの教科書ではこんなふうに説明されています。

「買ったあとに下がったのなら、そのまま下がる可能性が高い。それなのにナンピンを入れてポジション量を増やせばリスクを高めてしまう。ナンピンを入れるのではなく損切りして頭をクリアにしてから考え直せ」

最初の判断が誤っていたのだから損切りするのが正解だ、というわけです。僕も最初は素直に「ナンピンは禁物」だと信じて損切りしていました。

でも、**教科書に書かれたとおりにやっても勝てない。それならば「逆」をやってみたほうがいい**のか……？

そう思って大きく下げたところでナンピン買いを入れてみたのが、勝てるようになったきっかけでした。

相場では**「オーバーシュート」**と呼ばれる動きがしばしば発生します。「行きすぎ」とも呼ばれる動きで、なんらかのきっかけで――どんなきっかけかは次章で詳しく説明します――上げすぎたり、下げすぎたりすることがあるのです。

大きく下げた場面で入れたナンピン買いや大きく上げた場面で入れたナンピン売りは含み益になることが多くありました。オーバーシュートの直後には得てして、もとの水準へと戻る動き（反発、リバウンド）が発生するからです。

**この現象を利用したら勝てるようになるのではないか**――そんな予感がありました。

# 1

## 勝ち方の発見 ～節目と現象～

### まとめ

センスがなくても
“正しい努力”で勝てるようになる

FXで「聖杯」＝
絶対勝てる手法の存在を主張するのは
偽トレーダー

「なぜスプレッドが広がるのか」を
追求するとヒントが見える

「王道は順張り、ナンピン禁止」
という常識を疑え

「オーバーシュート」＝
行きすぎた動きを探求する

# 2 高値・安値の狙いどころ

## ●高値・安値に溜まったオーダーで起きる値動き

スキャルピングは超短期の取引ですが、もっと長い時間軸で考え、数時間、数日程度の保有期間で稼ぐトレードスタイルがスイングトレードです。

スイングで稼いでいるトレーダーもいます。僕が2022年から年2回行っている会場型イベント**「FXコレクティブ」**を初期から手伝ってくれている**Y・Iさん**（@Porsche_love_FX）もその一人であり、1年で億を稼ぐ**「年億」**を何度も達成しているスゴ腕のトレーダーです。

ある雑誌でFX特集が組まれたとき、僕とY・Iさんの2人が登場しました。そこで聞かれたのは**「チャートを見るときはどこに着目するか？」**です。

Y・Iさんと僕では取引する時間軸はまったく違いますが、くしくも答えは一致しました。

**「チャートで見るべきは高値・安値である」**と。

**僕らスキャルパー（スキャルピングトレーダー）は高値・安値で起きる「現象」だけを狙いますが、Y・Iさんのようなスイングトレーダーは高値・安値で起きる「現象が**

**図06　高値・安値に集まるオーダー**

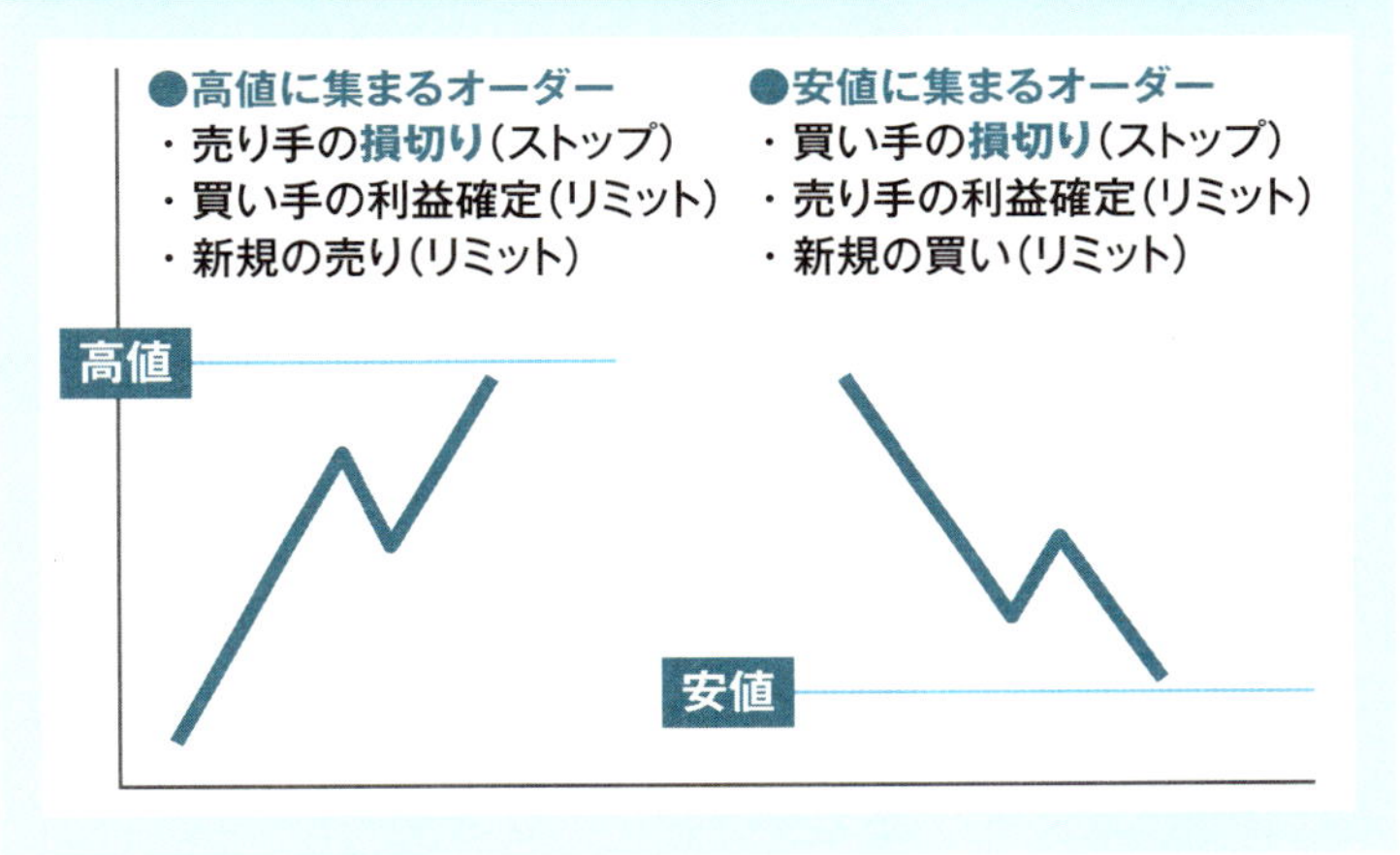


**誘発する新しいトレンドや反転」を狙うようです**。

その違いはともかくとして、高値・安値には僕らスキャルパーだけでなく、より時間軸の長いトレーダーの注目も集まります。

どんな高値・安値が注目されるのか。それは**誰が見ても「ここが節目だ」と判断できるようなわかりやすい高値・安値です**。

誰もが注目する節目の高値や安値では、どんな現象が起きるのか。具体的な数字で考えてみます。また、ここからは、特に解説がない限り、米ドル／円の1分足チャートの方向性について話を進めていきます。

直近高値が155・60円、今のレートが155・50円だとします。高値更新まであと10銭に迫っています。このとき、あなたならどうトレードするでしょうか?「155・60円の高値を抜けたら買おう」という人もいるでしょうし、すでに買っていたら「高値で利益確定しよう」と考える人も多いでしょう。反対に売りポジションを持っている人は「高値を抜けてしまったら損切りしよう」と考えるでしょう。

このように高値にはさまざまなオーダー(注文)が集まります(図06)が、高値で起きる現象について考えるために、話をシンプルにしてみましょう。

155・60円の**高値で損切りしようと考える売り手のオーダーしかなかった場合**、その注文は「155・60円以上で逆指値の買い」となります(図07)。

155・60円をつけたとき、どんな現象が起きるでしょうか?

Ask(買うときのレート)が155・60円をつけると買い注文が徐々に約定し、明確に超えたところで残りの買い注文が一斉に約定します。みんなが一斉に買うので、レートは上がります。どのくらい上がるかはオーダーの量によりますが、実際の相場で

## 図07 重要な節目で見られる攻防

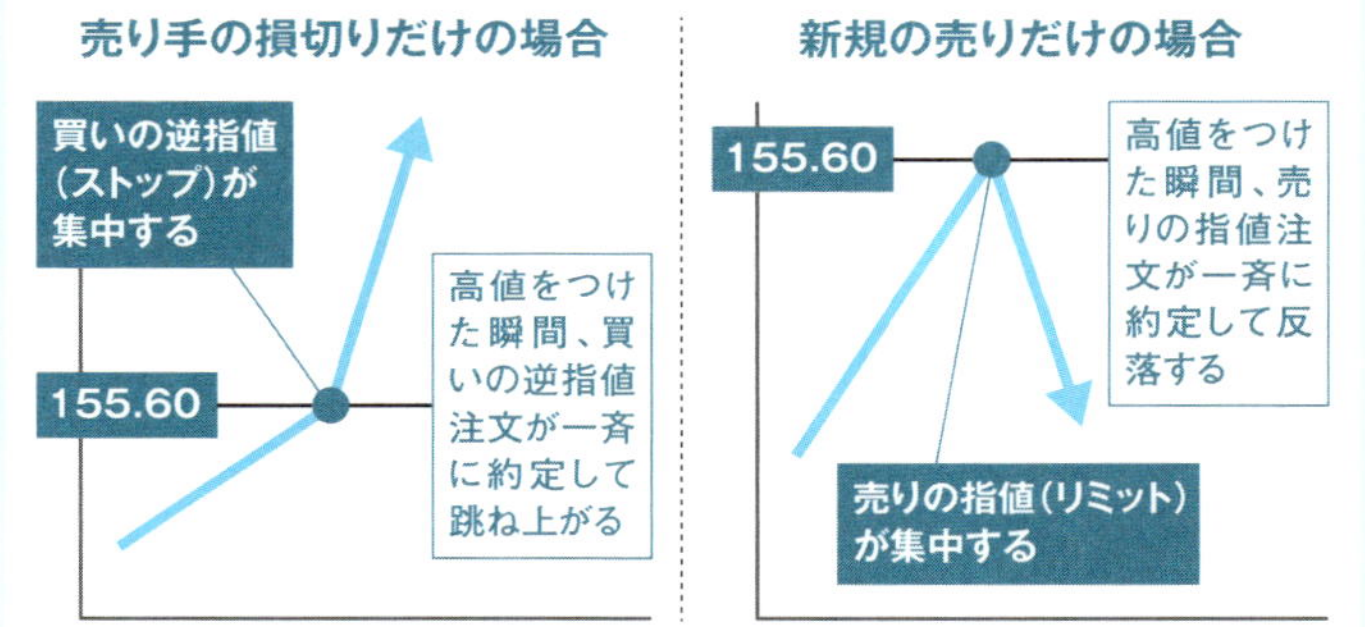
売り手の損切りだけの場合
買いの逆指値（ストップ）が集中する
155.60
高値をつけた瞬間、買いの逆指値注文が一斉に約定して跳ね上がる
新規の売りだけの場合
155.60
高値をつけた瞬間、売りの指値注文が一斉に約定して反落する
売りの指値（リミット）が集中する

**実際の相場では両者が混在するため、ストップとリミット、どちらが多いかで立ち回り方が変わる**

は5銭程度上がることは珍しくありませんし、時として10銭近く上がることもあります。こうした動きを「**ストップ**（損切り）をつけた」なんて言いますし、**高値・安値を抜けていく動きは「ブレイクアウト」**と呼ばれます。

高値・安値を抜けてストップをつけ、ブレイクする場面は絶好のスキャルピングのチャンスです。

ここまでは155・60円の高値に売り手のストップしかなかったら、と仮定しての考察でした。**今度は155・60円で売りたいと思う新規の売り手しかいなかったら**、と仮定してみましょう（図

07）。そのオーダーは「155・60円以下で指値の売り」となります。

155・60円をつけたとき、どんな現象が起きるでしょうか？

Bid（売るときのレート）が155・60円の手前から徐々に売り注文が約定していき、155・60円をつけた瞬間に残りの売り注文が一斉に約定します。みんなが一斉に売るので、レートは下がります。どのくらい下がるかはオーダーの量によりますが、実際の相場では5～10銭程度下がることもあります。

高値・安値には利益確定の注文も入りますが、買い手の利益確定はこの例に即して言うと「155・60円で指値の売り」となりますから、新規の売りと同じく約定すれば下落を誘う方向の注文となります。

ちなみに指値のことを**「リミット」**と呼んだりもします。逆指値はストップ、指値はリミット。対義語として使われることが多いため、覚えておくと便利です。

安値を抜けたときはどうか。考え方は同じです。

買い手のストップ（逆指値の売り注文＝損切り）をつければ下方向へのブレイクアウトが発生しますし、「安く買おう」と待ち構えていた買い手やすでに売っていた売り手の利益確定のリミット（指値の買い注文）が約定すれば反発して上がります。

さて、ここまで高値・安値で起こる現象と、その仕組みについて解説してきましたが、皆さんはきっとこう思うはずです。

「高値でストップが約定すれば急騰するし、リミットが約定すれば急落する。いったいどんなトレードが正解なんだ？」と。

これは実際の相場でも頻繁に生じる疑問です。「次の高値はブレイクするか、反落するか、どちらだろう？」と。その問いはおいおい解決するとして、具体的なスキャルピングの売買についてお話しします。

## ●トレードの2類型「順張り・逆張り」

まず、**スキャルピングの基本は「順張り」と「逆張り」**です。スキャルピングの専門用語ではなくFX全般で、というよりも勝負の世界全般で使われる一般的な言葉です。

**順張りとは、相場の動きについていくエントリー法**です。相場が上がっていれば買いで入る。下がっていれば売りで入る。トレンドに乗ったトレードになるため、トレンドフォローとも言われます。

**逆張りはその反対。相場が上がっているのに売りで入り、下がっているときは買いで入る**手法です。

2022〜2024年の円安トレンドで米ドル/円を買うのは順張り取引です。ただ、円安トレンドの途中には、一時的に下落する場面もありました。日足では上昇トレンドでも、1時間足だと下落トレンドに見えるといったことはよくあります。このとき、日足を見てトレードする人にとっては買いが順張りになりますが、1時間足を見てトレードする人にとっては売りが順張りになりました。そのため、見ている時間軸によって「買いは順張りなのか、売りが順張りなのか」は変わります。

順張りか逆張りかは、自分がメインで見ている時間軸によって決まる、と考えてください。ただし、スキャルピングでは1分足が最も重要なチャートになります。

そのうえで、高値・安値の節目で起きる現象に話を戻して考えてみましょう。

1分足チャートが155・60円という高値を目指して上がっているとします。「高値に溜まったストップを引っかけてブレイクするだろう」と考えたなら、それを狙ってロング（買い）を撃つ（注文を入れる）のが順張りのスキャルピングとなります。反対に「高値に溜まったリミット（買いポジションの利益確定）で反発するだろう」と考えてショート（売り）を撃つのは逆張りのスキャルピングです。

順張りと逆張りはスキャルピングの基本となる型です。高値・安値を狙ったスキャルピングであれば、**どちらを撃つか、どこで撃つかの違いこそあれ、発想としてはブレイクを狙うか、反発を狙うかのどちらかしかありません**。

実は、この2つには**「歪み」**を狙ったトレードという共通点があります。

「歪み」とは何か？　僕の友人のスゴ腕トレーダーである**「ういおp」さん**（@uiop8392）は株式市場を例にこんな説明をしていました。

特に材料もなく、金融市場全体が落ち着いているのに株価が不自然に上がったとしたら、その理由は何か？

「大量の資金を持つ投資家がまとめて買ったから」と考えるかもしれません。たしかに大口投資家が一度にまとめて買えば株価は上がります。ただ、それは自らの首を締める行為でもあります。通常は、自分の買いが株価をつり上げてしまわないよう、大口投資

## 図08 順張りと逆張りの違い

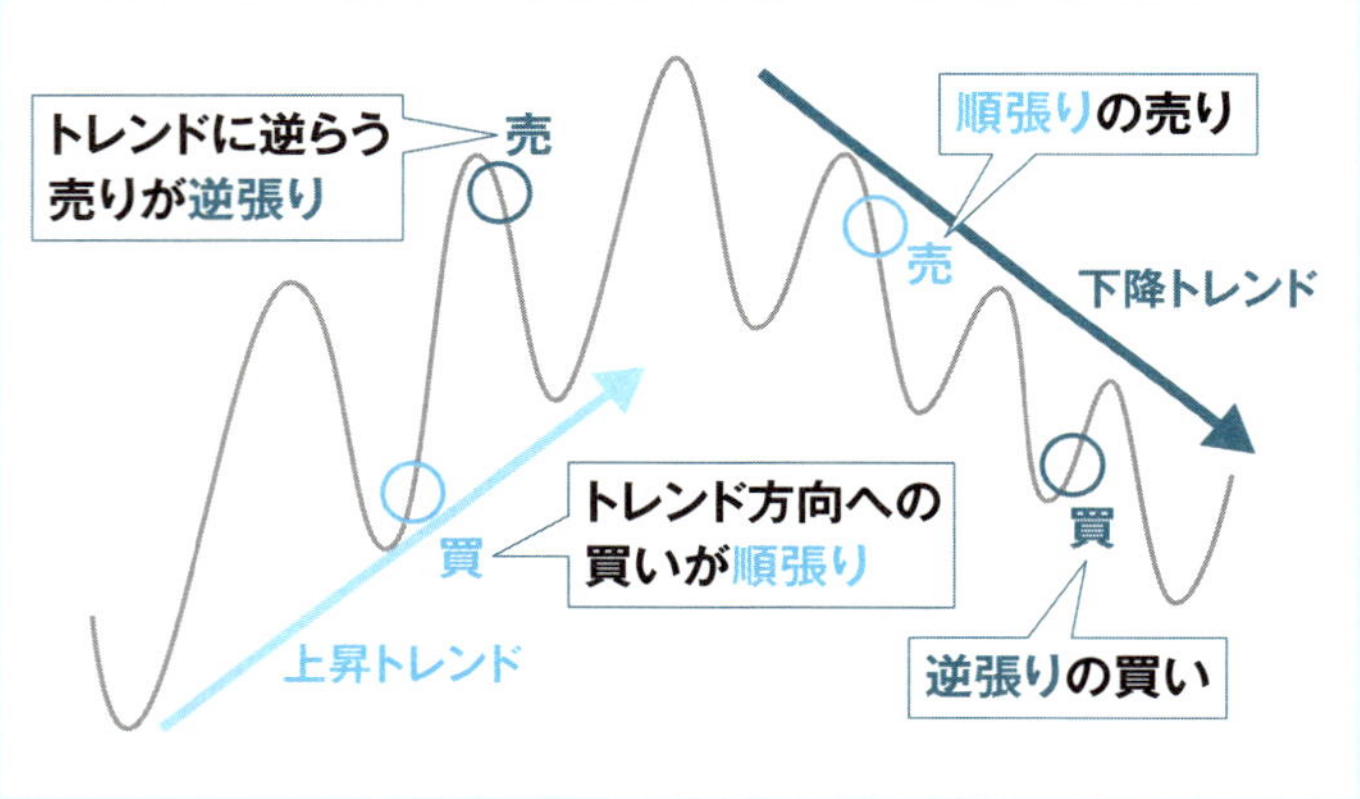


家はマーケットインパクトが出ない程度に時間をかけて慎重に買っていくものなのです。

何もないときに株価が跳ねるのは、ういおpさんによれば**「誰かのミス」**だと言います。その典型は**誤発注**です。誤発注はあからさまなミスですが、それ以外にも投資家がミスを犯すことがあります。

**その典型が損切り**です。自分の許容できる損失額を超えてしまったら、株価がいくらであろうが損切りせざるを得ません。そんなとき、株価は本来の水準から離れて不自然に歪みます。そうした場面では、歪んだ価格でエントリーして、本来の水準で利益確定するような逆張りが有効です。つまり、**歪みとは誰かしら、ないしは何かしらのミスから生じる不自然な相場の動き**を指します。

ＦＸや株は勝負事です。誰かが犯したミスにつけこむのも勝負事における攻略法の１つなのです。

## ●卵とスキャルピング～効率化された市場で戦う意味～

「最近は卵が高い」

スーパーに並ぶ卵についた値札を見たら、こんなふうに何らかの感想を持つと思います。「今日は高い」「安い」「いつもどおりだ」と。

「今日は高い」と感じるのは、卵の適正（だとあなたが思う）価格を知っているからです。基準となる価格があるからこそ、日々の値段の変化に対して値頃感を抱くし、「より安い卵を売っているお店で買おう」と考えます。２軒、３軒とスーパーを回れば、価格に対する感度はさらに高まるでしょうし、実際にインターネットで買い物をするときには「もっと安いお店がないだろうか」とリサーチすることがあると思います。

ただ、その結果、より安いお店に巡り合えるとは限りません。店舗も他店の価格をチェックして適正価格に落ち着くよう、値段を調整しているからです。

これは金融市場にも当てはまります。A社で買う米ドルとB社で買う米ドルはほぼ同じですし、東京証券取引所と名古屋証券取引所に重複上場する会社の株価もほぼ同じです。

もし違っていたら「A社で買った米ドルをB社で売る」といった価格差を狙ったサヤ取引（アービトラージ）を目論む人が現れて、価格差がなくなる方向への圧力がかかるからです。こうした市場は**「効率化された市場」**と呼ばれます。**「すべての情報が価格に織り込まれた状態」**です。

今ほど成熟していなかった頃の仮想通貨市場は効率化されておらず、同じビットコインなのにA社で買う値段がB社よりも高いといった価格差が頻繁に生じていました。あるいは時価総額が小さい小型株は、材料が出たあとに吟味してから買っても十分間に合うことがあります。情報の織り込み速度が遅く、株価が効率化されるまでに時間がかかるからです。

非効率な市場では収益チャンスが多い一方、効率化が進んだ市場ほど、金融工学などの高度な知識が必要となります。

では、為替市場はどのくらい効率化されているのでしょうか。

まず、覚えておいてほしいのは、「僕らが勝負する**為替市場は高度に効率化された市場である**」ということです。

一般的に市場参加者が多いほど、市場は効率化されます。為替市場の規模は株式市場よりもはるかに大きい（図09）。しかも**米ドル／円とユーロ／米ドルは為替市場のなかでもトップ2の取引高**があります。その意味で効率化された市場だと言えます。

「経済の実態にそぐわない値動きが起こりやすいのは米ドル／円とジンバブエドル／円のどちらか？」と想像してもらえれば理解できると思います。ジンバブエ経済を細部まで分析する人はとても少ないでしょうから、ジンバブエドルが下がるような材料が出ても為替レートに織り込まれるまでには時間がかかりそうです。

**効率化された市場とは、言い換えれば「歪みが少ない市場」です。**

トレードでは一般的に何らかの歪みが利益の源泉になるとされています。例えば「あの国の経済は市場参加者が考えているよりも弱い。よって通貨も売られるはずだ」と考えるのは経済の実態と為替レートの間にある歪みを狙ったトレードです。

しかし、効率化された市場では、情報は即座に価格に反映されるため歪みません。歪みが生じにくい市場はトレードが難しい市場だということになります。

それなのになぜ、僕らは効率化された米ドル／円で戦うのか。**効率化された市場とはいえ、歪みがゼロではないからです。**

**その典型がオーバーシュートで、代表的なものがセリング・クライマックス**です。何らかの要因で引き起こされる暴落です。略して「セリクラ」などと呼ぶ人もいます。「オーバーシュートのきわみ」といってもいいでしょう。

買い手が多いときに市場が下げてくると、買い手は損切りします。買い手の損切りは売りです。損切りする人が多いと、大量の売りで市場はさらに下げます。それを見て新たに損切りしようと考える人が出てきます。**「売りが売りを呼ぶ」**ことで下げが加速していくのがセリクラです。

これは、「どこまで下がるかわからない……」という**市場の恐怖心が引き起こす為替レートの歪みなので、売りが一巡したところで急速に反発して、もとの歪みのない水準**

## 図09 株式市場よりも巨大な為替市場

| 為替市場 | | 株式市場 |
|---|---|---|
| 1000兆ドル（約15京円） | 年間取引高 | 50兆ドル（約7500兆円） |
| 24時間<br>月曜日7:00〜土曜日6:00（7:00） | 取引時間 | 東京市場：9:00〜15:00<br>※PTS（私設取引システム）取引は夕方から翌朝まで可能<br>米国市場：22:30（23:30）〜5:00（6:00） |
| 最大25倍（法人口座なら約100倍） | レバレッジ | 現物取引：0倍　信用取引：約3.3倍 |
| 1. 為替差益　2. スワップポイント | 利益の種類 | 1. 売買差益　2. 配当金<br>株主優待、貸株金利もあり |

※取引時間は夏時間。（　）内は冬時間

**へと戻っていきます。オーバーシュート後にリバウンドするのと同じです。**

セリクラや、その反対のバイクラ（バイイング・クライマックス／図10）は年に一度あるかどうかという珍しい現象ですが、為替市場ではもっと頻繁に歪みが発生しています。

**為替市場がいつ歪むのか、その答えを皆さんはすでに知っています。先ほどのオーバーシュートが起こる高値・安値の攻防です。**

ストップやリミットはあらかじめ指定されたレートで執行されます。効率化されたレートとは関係なく執行されます。

高値に置かれた大量のストップが一斉に発動すれば、その瞬間、為替レートは上がります。歪みの発生です。

言うまでもなく、**ここがスキャルピングのチャンス**です。

効率化された市場は、チャンスが少ないようにも思えますが、大きなメリットもあります。それは**取引コストの低さ**です。

米ドル／円が０・２銭という非常に狭いスプレッドで取引できるのは、市場参加者が多く、効率化された市場だからです。**歪む頻度と取引コストの高さには相関関係があ**るとも言えます。ジンバブエドル／円で歪みがあったとしても、おそらく取引コストが高すぎて歪みを利益に変えることはできません。

しかし、**米ドル／円であれば、歪みが発生する機会そのものは少なくても、そのチャンスを収益に変えられるだけのスプレッドの狭さ、つまり取引コストの安さがあります**。それこそが、僕らが米ドル／円でスキャルピングする理由です。

米ドル／円は規模が大きく、効率化された市場なので価格が歪む瞬間だけを狙って大量の売買を行うことができます。僕らスキャルピングで勝っている人の売買単位は１０

**図10 バイクラ時のオーバーシュート例**

0万通貨以上。ポジション額にして約1億5000万円の売買です。

**スキャルピングと「10円安い卵を探して隣町のスーパーへ買い物に行く」行為には共通意識があります**。SNSではよく「10円安い卵を求めて隣町のスーパーへ買い物に行くのはバカらしい」と批判されます。「移動する時間にバイトでもすれば10円以上稼げるのに。非効率だ」と。

たしかに10円は小さな金額です。でも1パックしか買ってはいけないわけではありません。100万パックをまとめ買いして、地元で転売すれば大きな利益が得られます。1パックあたりの利益は

「小さな金額」であっても「大きな取引量」であれば十分な利益が稼げる――これはスキャルピングそのものです。

**高値・安値では歪みやすいという現象を利用してトレードすること、それがスキャルピングだけが有するひとつの勝ち筋です。**

## ●1秒先の読み合いはプロも個人も対等

トレードで必要な「この先、上がるか下がるか」を**予測する難易度は1年先の予測よりも1か月先、1日先、さらには1秒先の予測のほうが下がります。**なぜなら、時間軸を伸ばすほど不確定要素が増えるからです（図11）。

今、1年先を予測するなら、ＦＲＢ（米連邦準備制度理事会）はどういうタイミングで利下げするのか、ウクライナとロシアの戦争は終結するのか、中国の景気は大丈夫かなど、さまざまな材料を加味しなければなりません。しかし、1秒先を読むうえでＦＲＢの動向を考える必要はありません。ウクライナ問題も関係ありません。

**つまり、1秒先の米ドル／円のレートを予測するうえでは、個人トレーダーと機関投**

**資家をはじめとしたプロとの間に情報格差がない**のです。

1秒後に重要な経済指標の発表があるのでなければ、そのときの値動きやローソク足の形からしか1秒先の値動きを予測することはできません。これが1週間先、1か月先となると、情報収集力に優れる金融のプロと、僕ら個人トレーダーの間には大きな格差が生じてしまいます。だから、個人はなるべくトレードする際の時間軸を短くするべきなのです。

ポジションの保有中に不確定要素が発生したとして、モニターの前にいれば損切りするなりドテン（持っているポジションを決済して反対ポジションを建てること）するなりして対応できますが、仕事中や睡眠中だとそうもいきません。

こうした点から見ても、スキャルピングであれば**ポジションの保有時間は限界まで短くなるため、予期せぬ損失を食らうリスクを小さくすることができます**。

スキャルピングは「超短期取引」ですが、**トレードに要する総時間はおそらくすべてのトレードスタイルのなかで最長**です。値動きを監視する時間が膨大だからです。1時間もチャートに張りついていながら、トレードはゼロなんてこともあります。短いのは

**図11　1秒先と1年先の読み合いの違い**

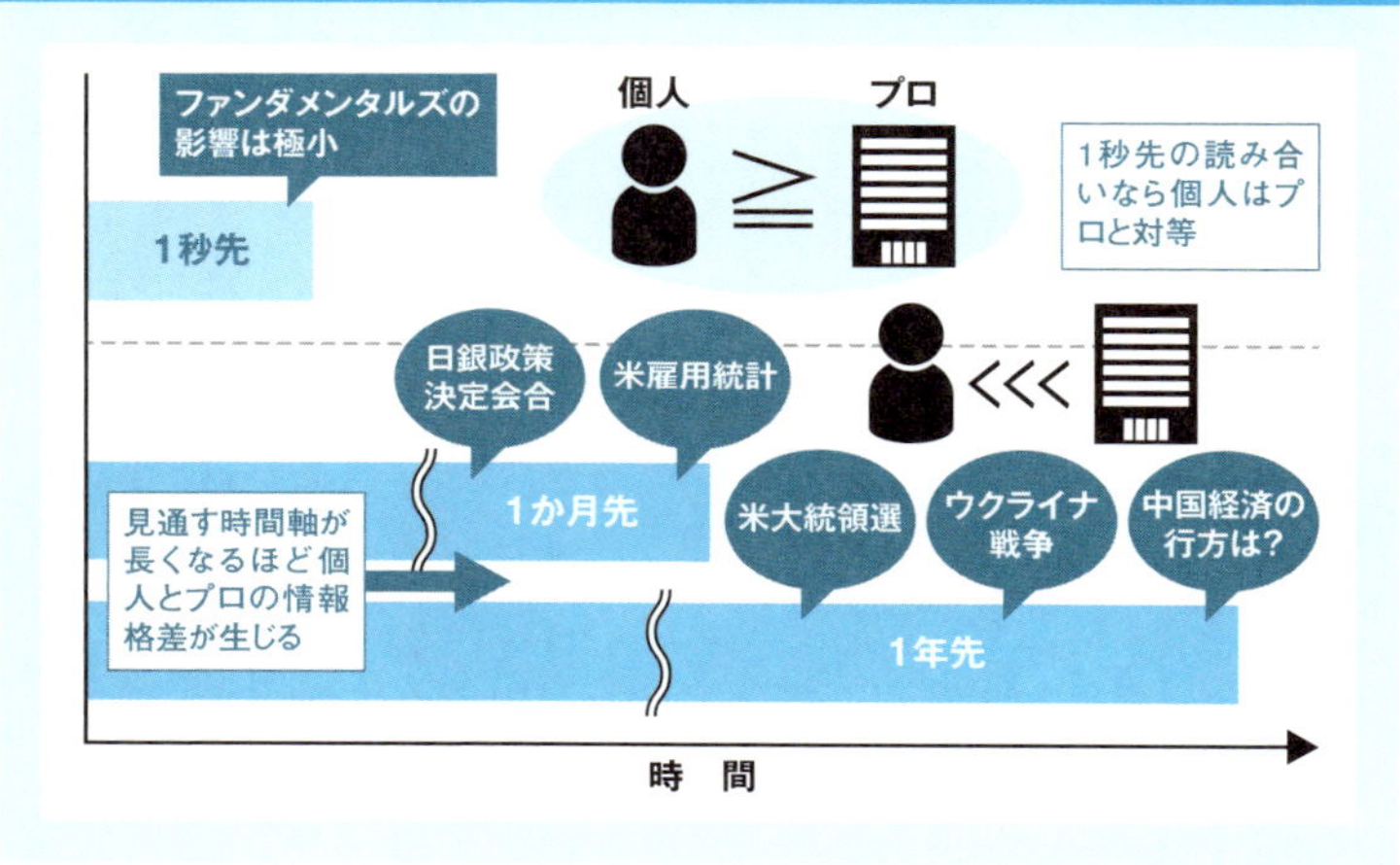


ポジションの保有時間だけです。

秒単位でトレードをするスキャルピングには、長期投資であれば不要と思われがちな反射神経を必要とする場面がたしかにあります。だからといって「反射神経の鈍い人にスキャルピングはできない」というわけではありません。ここまで紹介してきたように、FXを攻略できればわずかな判断の遅れはカバーできるからです。

トレードは本来、どのスタイルを選ぼうとも簡単なスタイルなんてないと思いますが、**唯一、スキャルピングでは個人投資家がプロと対等に戦えます。むしろ、日本の個人投資家のほうが有利に戦える**

**ことのほうが多い**です。なぜなら、**世界でも稀にみる狭いスプレッドと強い約定力**が揃ったFX口座があるからです。

2022年以降、インターバンク市場ではスプレッドが広がっているそうです。米ドル／円で0・2銭なんて望むべくもなく、0・5銭、0・6銭といったスプレッドが常態化していると聞きます。金融機関や機関投資家は僕らよりも広いスプレッドでトレードしているわけです。0・5銭でもスキャルピングできないことはないですが、0・2銭でトレードできる僕らのほうがはるかに有利な環境です。

そして、何よりもスキャルピングにより億の資産を築いた個人投資家がゴロゴロいます。

FXの億り人はデイトレーダーにもスイングトレーダーにもいますが、**今、SNS上で最も多く見つかるのはスキャルピングで億へ到達したトレーダー**です。どのスタイルの難易度が低いか、結果はもう出ています。そうした本物の億トレーダーがX（旧ツイッター）やFX配信、オフ会などを通じて発信してくれています。

この環境を生かすかどうかは、あなた次第です。

# 2

## 高値・安値の狙いどころ

### まとめ

「上げに乗って買う」のが順張り、
「上げたら売る」のが逆張り

高度に効率化された為替市場でも
「歪み」は発生し、チャンスとなる

ストップとリミットが溜まった
高値・安値ではレートが歪みやすい

「1秒先」を予測するならば
プロも個人も対等に勝負できる

「10円安い卵」を買いにいく貪欲さは
スキャルピングに通じる

# 3 順張り・逆張りのトレード

## ●サポートラインとレジスタンスライン

スキャルピングの勝ち方はさまざまですが、順張りにせよ逆張りにせよ、節目のブレイクアウトを巡る攻防は誰もが注視するポイントです。

FXに限らず、株やコモディティ（商品先物）とも共通するチャート分析の基本に**「サポートライン」**や**「レジスタンスライン」**といった言葉があります。**相場の節目となりやすいライン**のことです。

現在のレートよりも下にあるのがサポートライン。**「支持線」とも呼ばれ、過去の安値を目安にして引かれた水平線**です（図12）。サポートラインがあるとみんなは「サポートラインより下には行きにくいだろう」と考えます。買い遅れた人たちが「ここまで下がったら買おう」と考えて、新規の買い指値注文を置くことが多いからです。

レジスタンスラインは、この反対です。**「抵抗線」とも呼ばれ、過去の高値を目安にして引かれた水平線**となります。

サポートライン、レジスタンスラインともに損切りの注文が溜まりやすく、また新規の注文も入りやすいため、重要な転換点となることが多々あります。

## 図12 サポート&レジスタンスライン

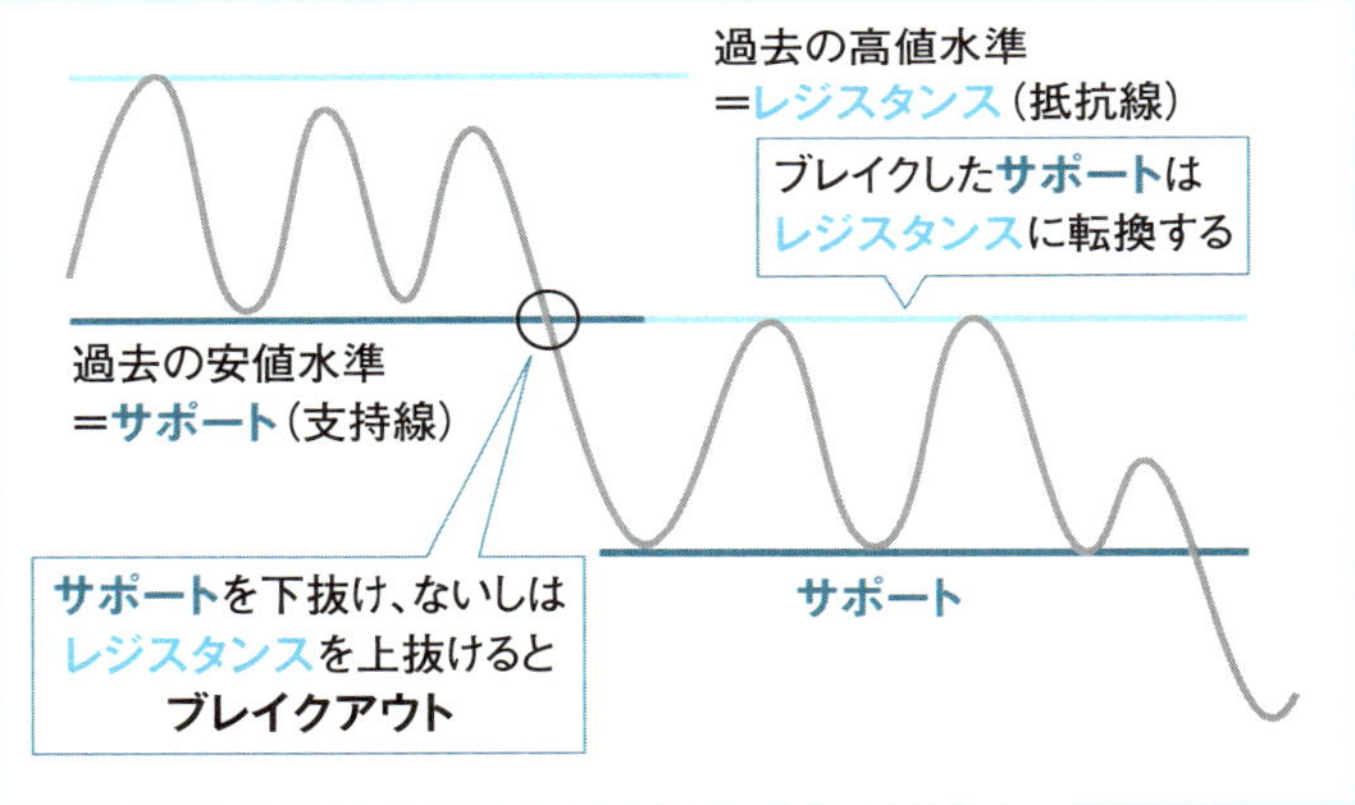
過去の高値水準
＝レジスタンス（抵抗線）
ブレイクしたサポートは
レジスタンスに転換する
過去の安値水準
＝サポート（支持線）
サポートを下抜け、ないしは
レジスタンスを上抜けると
ブレイクアウト
サポート

勝てない時代の僕が何をやっていたかを、サポートラインやレジスタンスラインを軸に説明してみます。

当時の僕はサポートラインの手前で反発することを期待して買っていました。ところがサポートラインは支えてくれず、米ドル／円は下がってしまう。

サポートラインの手前では僕がやっていたように反転に期待する新規の買い注文が集まります。一方で、サポートラインの下には「このサポートラインを割ってしまったらあきらめよう」と考える買い手の損切り注文も集まっています。

買い手の損切り注文は売りの注文です。

サポートラインを割ると、売り注文が一斉に発動するので勢いよく下がります。しかし、その下げはたいてい一過性のものなので損切りが一巡すると、もとの水準へと即座に戻すというわけです。

同じことはレジスタンスラインでも起こります。

売りポジションを持っている人は、レジスタンスラインを目安にして損切りの逆指値注文を入れます。「下がるだろうけど、レジスタンスラインを越えてしまったら損切りして考え直そう」という判断です。

そのためレジスタンスラインを越えると損切りの買い注文が一斉に発動して、勢いよく上がるオーバーシュートが発生します。しかし、たいていはすぐに反落してもとの水準へと下がっていきます。

この仕組みを身をもって体感した僕が行き着いた手法が、**「オーバーシュートでの逆張り」**でした。

第2章で説明した高値・安値で起きる現象の用語を交えて説明すれば**「サポレジをブレイクしてストップがつき、オーバーシュートしたところでエントリーする逆張りのスキャルピング」**です。

## 図13 オーバーシュート時の逆張り狙い

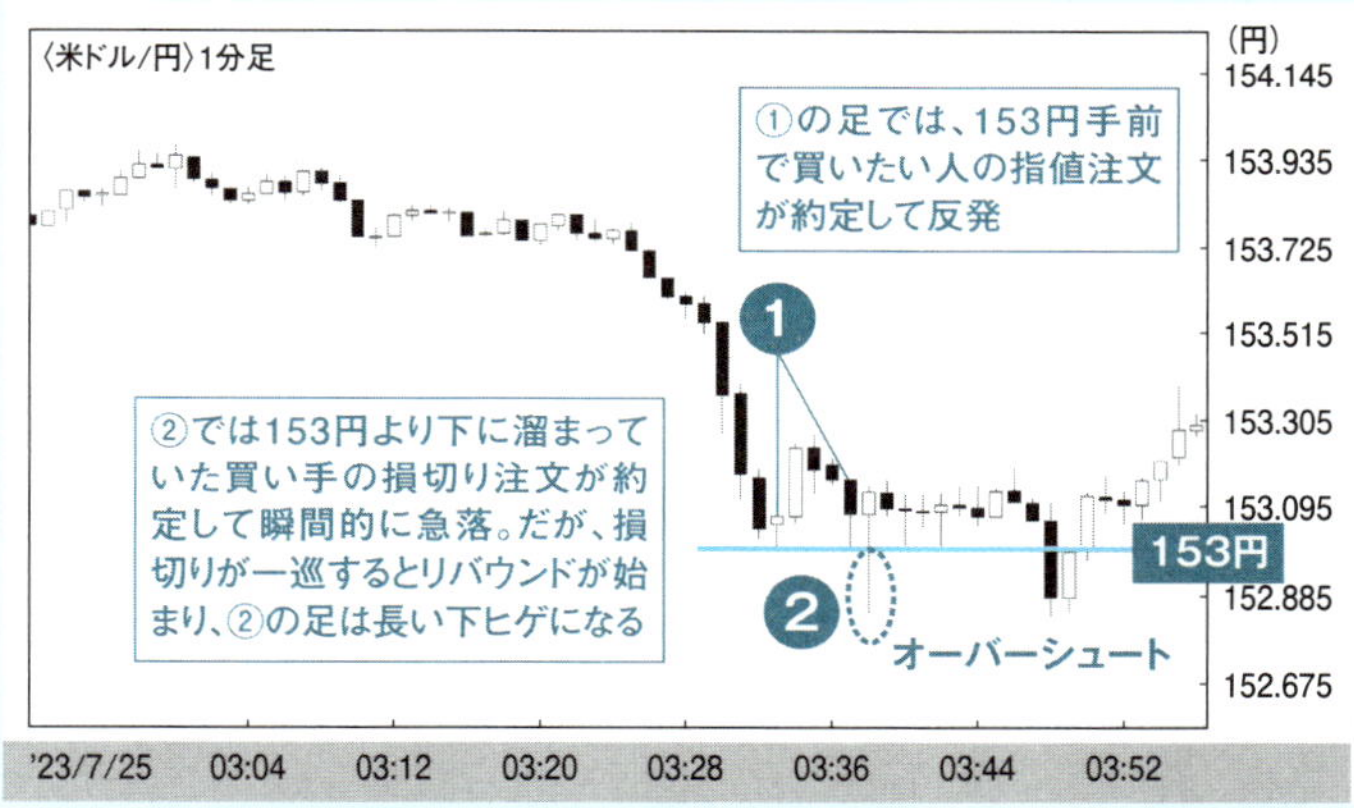


**節目のブレイクでオーバーシュートしたあとの反発だけをトレードすればいい**――この発想が僕の大きな転換点になりました。

- サポートライン付近まで下がってきたら反転して上がりやすい
- サポートラインを**抜けると勢いよく下がりやすい**
- レジスタンスライン付近まで上がってきたら反転して下がりやすい
- レジスタンスラインを**越えると勢いよく上がりやすい**

最初に節目を抜けたときに起きる現象

こそ、スキャルピングの勝ち筋がある、と説明しました。このとき僕が見つけたのは、まさにこの節目を抜けたときに起こる現象でした。

では、ブレイクアウトやオーバーシュートはいつ発生するのか。狙うポイントは2つだけです。

1つはすでに説明した高値のレジスタンスラインや安値のサポートラインです。こうしたサポレジは見ようによってはいくらでもラインを引けてしまいますが、やみくもに引きまくったラインでは効果を発揮してくれません。

**重要なのは「多くの人が注目し、オーダー（注文）が置かれている高値・安値」**です。

スキャルピングでは主に1分足チャートを見ながらトレードしますが、「多くの人」は1分足を見ていません。より長い時間軸の**日足チャートを見る市場参加者のほうが多い**です。だから、**「多くの人が注目」する高値・安値は「日足で見た直近安値や高値」**となります。

また、**「昨日の安値」よりも「1年ぶりの安値」**のほうが注目度は高くなり、「10年ぶりの安値」なら注目度はさらに高まります。「昨日の安値」にストップを置くのはデイトレーダーだけでしょうが、「1年ぶりの安値」にはデイトレーダーだけでなく、より

## 図14 重要な節目は「時間」で決まる

| | |
|---|---|
| 直近高値・安値 | 厳密な定義はないが、最近の最も目につく高値・安値 |
| 今日の高値・安値 | 一日のうちでの高値・安値。朝方や午前中なら前日の高値・安値も重要 |
| 年初来高値・安値 | 1年のうちでの高値・安値。年前半なら前年の高値・安値も重要 |
| ○年ぶり高値・安値 | ブレイクされていない期間が長い高値・安値。長いほど強い節目に |
| 史上最高値・最安値 | 取引が始まってから最も高い・安いレート。強力な節目となる |
| ラウンドナンバー | 通称「ラウナン」。末尾が00銭と50銭のキリのいいレート |

長い時間ポジションを持ち続けるスイングトレーダーもストップを置きます。同じように**「年初来高値」**ならさらに長期のプレイヤーがストップを置いているでしょうから、大きな値動きが期待できます。

日経平均株価は2024年2月に平成バブル時代の高値を超えましたが、**「史上最高値」「史上最安値」**なんて最高です。すべての投資家が注目するポイントですから。

つまり、**重要なのは高値・安値の価格ではなく、その価格形成に要した時間**なのです（図14）。節目の重要度は次の2つを目安にして見分けてください。

**①長い時間軸のチャートの高値・安値ほどオーダーが集まる**
**②長い期間、触っていないレートほどオーダーが集まる**

こうした高値・安値だとストップが多いため、ブレイクが次のストップを誘発して連鎖的ブレイクが起きることもあります。1発目のブレイクで5銭飛んで、それが次のストップを誘発してまたブレイクしてもう5銭飛んで、さらに次のブレイクも誘発して——といった具合です。

つまりは1発目のブレイクで安易に逆張りしていくと2発目のブレイクに巻き込まれるリスクがある、ということです。

「どこがブレイクポイントになるか」は一日のトレードを始める前に必ず確認しておいてください。最初はチャートに水平線を引いておくと視覚的にわかりやすくなります。

## ●重要な「ゼロゼロ」「ラウナン」

スキャルピングでは順張りにせよ、逆張りにせよ節目のブレイクアウトをエントリーのトリガーとするのが基本です。

節目とは、すでに説明した高値・安値、それにもう1つ重要なのが**「ラウンドナンバー」**です。僕らスキャルパーは略して**「ラウナン」**と呼んだりしています。**「155円ちょうど」や「148円ちょうど」など末尾が「・00」となる1円刻みのレート**はすべてラウンドナンバーです。こうしたレートは末尾から「ゼロゼロ」とも呼びます。

また、末尾が「・50」となる「152・50円」や「148・50円」などもラウナンと同じ扱いで考えています。

ラウナンやゼロゼロはスキャルピングを得意とするトレーダーにとっては馴染み深いものですから、スキャルパーの動画配信などを通じて耳にする機会も多いでしょう。

この**ラウナンも高値・安値と同じように機能**します。利益確定や損切りの注文を入れるとき、適当な高値・安値が見当たらなければ「154円ちょうどに入れておこう」と考えることが多いためです。

**ラウナンには損切り注文などが溜まっている可能性が高いため、ブレイクや反発といった現象が頻繁に起こります**。つまり、スキャルピングで狙うべきポイントの1つです。

ラウナンは高値・安値よりも重要かもしれません。ラウナンが近づくと僕らスキャルパーはモニターに釘づけになります。そのラウナンが「〇年ぶり」といった久しぶりに到達する水準ならなおさらです。

重要なラウナンの見分け方は高値・安値と同じです。「昨日ブレイクしたラウナン」よりも「2年間、更新されていないラウナン」のほうが重要度は高くなり、「153円ちょうど」よりも「150円ちょうど」といった十の位の大台が変わるラウナンはさらに重要度を増します。注目度がより高いからです。ニュース番組でも「米ドル／円が150円の大台まで上昇」と報じることがあっても、「151円の大台まで〜」と取り上げることはあまりありません。

一方で、「.00」と「.50」であれば、わざわざ「ゼロゼロ」という用語があるくらいなので「.00」のほうがより重要です。末尾が「.00」のほうがよりキリがよく、それだけオーダーも溜まりやすいためです。

## ●人間心理の節目がフィボナッチ

高値・安値でもラウナンでも、買い手と売り手の激しい攻防が起こるのは「多くの人が注目する節目であり、利益確定や損切りなどのオーダーが置かれる」からです。

その観点から、もう1つ覚えておくべき分析法があります。オーダーが置かれやすい節目を教えてくれるテクニカル分析の**「フィボナッチ・リトレースメント」**です。フィボナッチ数列という**「黄金比」を用いて、節目となりうる水準を探る分析法**です。**上昇トレンドならトレンドの始点と終点になった高値の間の38・2%、50%、61・8%の3つの比率が押し目の目安**となります。買い手は「38・2%戻しで買い増ししよう」「50%戻しを割ったら損切りしよう」といったように使われることが多いです。

こうしたフィボナッチのポイントもスキャルピングのチャンスになるでしょうか？

個人的には、ブレイクポイントとしては高値・安値ほどは効かないような気がしています。高値・安値であればチャートを見れば誰もが同じレートを意識しますが、フィボナッチのポイントはラインを引いてみないとわかりません。市場参加者の全員がフィボナッチを使っているわけではないので、高値・安値ほどは意識されずにオーダーも置かれないのではないかと思っています。

では、フィボナッチを無視していいかというと、そうは思いません。

## 図15 フィボナッチで見るチャートの節目

トレンド中に反落しても38.2%、50%、61.8%のいずれかが押し目となりやすい

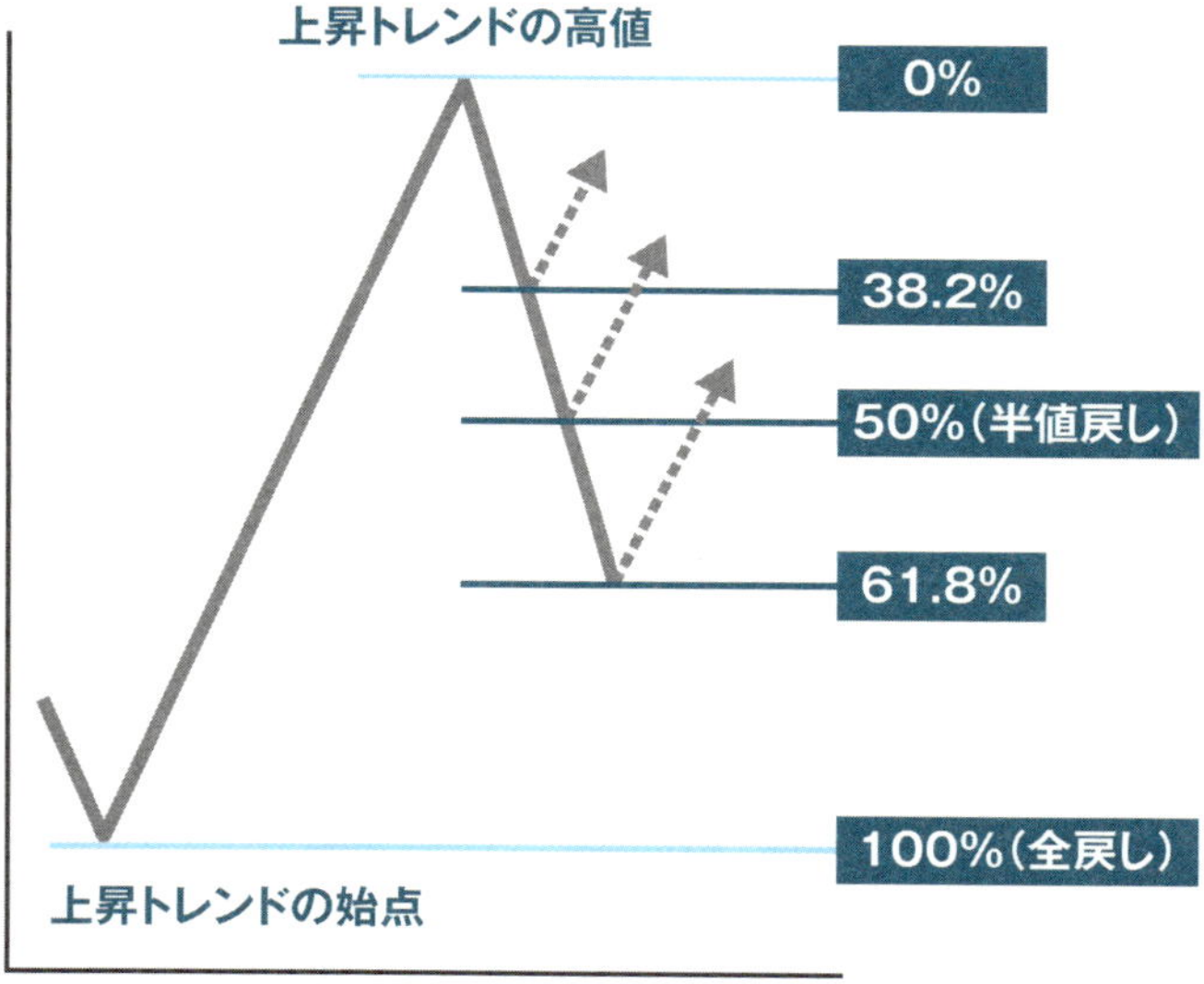


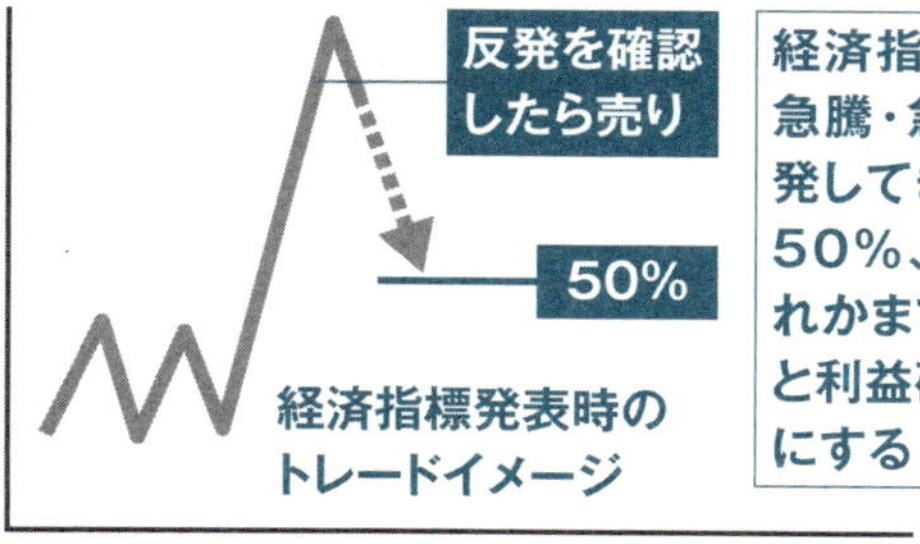


経済指標の発表直後に急騰・急落したあと、反発してきたら「38.2%、50%、61.8%のいずれかまでは戻るのでは」と利益確定のターゲットにする

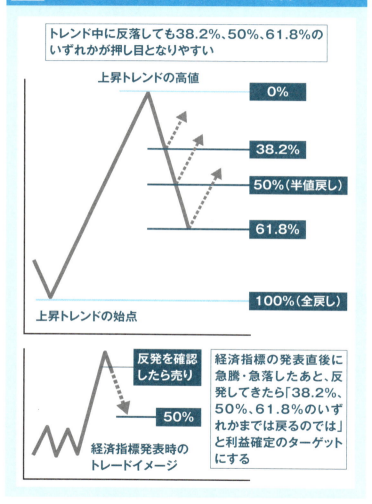

経済指標が発表された直後に急騰・急落したときや、**サプライズの発表で大きく動いたとき、僕はフィボナッチのポイントを意識します**（図15）。チャートにフィボナッチ・リトレースメントを引いている時間はないので、おおよそですが、「38・2％くらいは戻すんじゃないか」とおおよそ3割くらいの戻りをイメージしたり、あるいは「半値戻し」と呼ばれる50％の戻りをターゲットにしたりといったようにです。

あるいは、ニュースなどで「61・8％戻しにオプションが溜まっているようだ」などと話題になり、誰もが意識するようなポイントであればチャンスがあるかもしれません。日足レベルで見ると強いトレンドが発生していて「みんなが押し目や戻りを探す」というときは、38・2％や半値戻しのレートをチェックしておいたほうが間違いはないと思います。

38・2％や61・8％といった数字は人間が心地よく感じる黄金比をもとにした数字です。その比率がなぜ効くのか？ そこに合理的な根拠はないかもしれませんが、人間の心理は自然とフィボナッチ数列の水準で下げ止まったり、反発を誘発するような傾向があるように感じます。その重要度は高値・安値やラウンナンよりは下がりますが、意識しておくべき節目です。

市場に予期せぬ急変が生じたときは、じっくり考えている時間がありません。思考が追いつかないなかで、損切りであったり新規のエントリーであったりの判断を迫られたとき、感覚で判断せざるを得ません。

そのとき、人は自然界で普段見ている光景を無意識のうちに思い出し、**自然と黄金比にまつわるポイント**で「このくらい下げたらリバウンドするだろう」「ここまでリバウンドしたらまた下げるだろう」と考えるのではないでしょうか。

これが、僕がフィボナッチを重視する理由です。

## ●順張りは期待で撃つ、逆張りは結果で撃つ

トレードのエントリー法には順張りと逆張りの2種類があることはすでに説明したとおりです。相場が上がっていればロングを撃ち、下がっていればショートを撃つのが順張りです。反対に上がっているときにショートを撃ち、下がっていればロングを撃つのが逆張りです。

順張りと逆張りのエントリー法にはどんな違いがあるのか？　結論から言います。

**順張りは「期待」で撃つ。逆張りは「結果」で撃つ。**

具体的な状況で考えてみます。直近高値の155・80円近辺での攻防を考えてみましょう。このとき、どこで逆張りを撃つのが正解でしょうか？

先ほど書いたように僕が得意とする手法はオーバーシュートの逆張りでした。よくFX本などで説明されているのは、「節目となる高値を背にして売りを入れ、上抜ければ損切りする」という手法です。

「背にして」というのは、超えないであろうと予想されるラインの手前で逆張りを入れるということです。高値のレジスタンスラインでは反発（反落）しやすいとされていますから、理にかなった手法のように思えます。

しかし、**相場というのは得てして裏をかいてくる**ものでもあります。

「高値がレジスタンスラインとして機能した」という場合、3つのパターンが考えられます。

①155・80円の直前で跳ね返って下げた

②155・80円ちょうどで跳ね返って下げた
③155・80円を一瞬上抜けてから跳ね返って下げた

3パターンすべて、高値で跳ね返って下げたため、市場参加者は「高値がレジスタンスラインとして機能した」と考えるでしょう。つまり、跳ね返った場所が155・80円の手前であれ、越えた水準であれ、すべて逆張りが機能したと言えるわけです。

そのため、FX本には「節目を背にして手前から逆張りを入れる」「節目を抜ければ損切りする」などと書かれがちです。

しかし、「手前から」というのがどのくらいのことか、とても曖昧です。5銭なのか、10銭なのか、人によって解釈が分かれます。

損切りも同じです。「上抜ければ損切り」といっても、1銭でも上抜ければ損切りするのか、5銭くらい余裕を見るのか、とても曖昧です。これでは手法として機能しません。

これまで説明してきたとおり、**レジスタンスを明確に上抜けるときは、相場の原理として「値が走る現象」が起こります**。このときに見られるのは、「走り出しそうになっ

## 図16 米ドル／円＝155.80の攻防

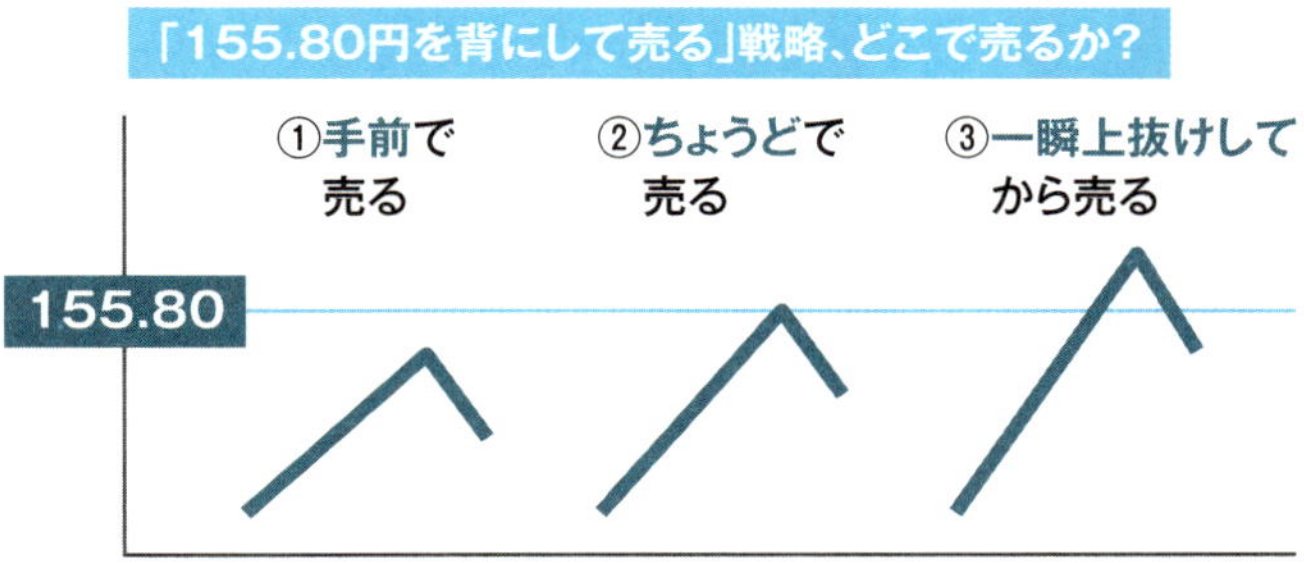
「155.80円を背にして売る」戦略、どこで売るか？
①手前で売る
②ちょうどで売る
③一瞬上抜けしてから売る
155.80

155.80円で上げ止まらずに上抜けしたとき、①だと損切り幅が大きくなる。②だと155.80円に集中した注文に巻き込まれて瞬時に上へ連れて行かれるリスクがあり、③だとそのまま上へ連れていかれるリスクがある

たら損切りする」なんてできない値動きの速さです。

「節目を1銭でも上抜けしたら損切りする」としていたら、損切り貧乏になるでしょう。「余裕をもたせて損切り」していたら、オーバーシュートした最後のとんでもない高値で損切りさせられるはめになりがちです。

**僕が逆張りを撃つのは、この最後の「とんでもない高値」**です。

なぜなら、**そのとんでもないレートでは最後の売り手が損切りさせられ、その瞬間は「もう買い手がいない」という状態になっているから**です。

売買の攻防が終わり、オーバーシュー

ト後の巻き戻しの局面を取りにいくのが、僕の逆張りです。

では、順張りはどうトレードするのか。勘のいい人は答えを言わずとも、気づいているのではないでしょうか。

先ほど、逆張りの1つの答えを書かせてもらいました。スキャルパーが呼ぶところの**「リバ取り」**という手法です。「リバ」とはリバウンド、つまり、オーバーシュートからの反発を狙った手法です。

僕が勝ち始めた頃のことです。カッパ先輩（@yamakin4649）というトレーダーとよく話をしていました。インターネットを通じて知り合ったスキャルピングの仲間です。

カッパ先輩とこんな会話をした記憶があります。

**「順張りの利益確定ポイントが逆張りのエントリーポイントだよね」**

この言葉は順張りトレードの大きなヒントになるはずです。なぜならば、**順張りにしろ逆張りにしろ、トレードするポイントは同じ**だということがわかるからです。

**トレードというパズルには3つのピースがあります**。エントリー、損切り、利益確定です。「逆張りのエントリーポイント＝順張りの利益確定」なので、順張りトレードのパズルのピースの1つ、利益確定はこれで埋まりました。損切りについては、次節で説明しますが、これだけ書けばもうパズルは完成したも同然ではないでしょうか。

残ったエントリーというピースについての答えを書くのは簡単です。でも、簡単に得られた知識ほど身につきにくいのも事実です。答えは相場によって変わります。答えを簡単に得た人は応用が効きません。「昨日の正解」が「今日も正解」とは限りません。「昨日の正解」が今日、通用しなくなったとき、何が「今日の正解」なのかを自分で考えるだけの力がないと勝ち続けることはできません。

残されたピースについては皆さん自身で探ってほしいと思います。

## ●スキャルピングの利益確定

本書で一番書きたかったのは **「自分が何をやっているかを把握する」** ということです。

先ほどの「リバ取り」で考えてみます。リバ取りとは、急騰・急落直後のリバウンドを狙うトレードです。

「リバウンドしそうなところ」で入って、「リバウンドを取ったら利益確定する」からリバ取りです。「リバ取りとは何か」といえば、「リバ取り」という表現にすべて内包されています。

**「リバ取りは利益確定が難しい」なんて言う人を見かけますが、リバ取りなのだから「リバウンドしたら利益確定」なのです。**

リバウンドがどれだけ小さかろうが、どれだけ伸びようが、リバウンドしたところが利益確定すべきポイントであり、そこで利益確定できたなら正解です。

それ以上の利幅を狙うかどうかは、リバウンドが反発で終わらず、反転になるのかどうかなどのチャートを読む力が必要になってきます。これは、スキャルピングでは必要のない能力です。リバ取り自体は「誰でも取れる動き」ですが、その先にトレード技術が必要な動きがあるわけです。

リバ取りでの失敗は、「リバを狙っているのに、強欲かまして利益を握り潰す（利食えないまま戻ってしまう）」ことです。それは「自分が何をやっているかを把握できていなかった」ということであり、反省すべきところです。

**スキャルピングの鉄則は「利益確定を逃さないこと」**なのです。

リバ取りに限らず「自分が何をやっているか」をちゃんと把握していれば「利益確定は何銭ですか?」「損切りは何銭ですか?」という質問がいかに的外れなのか、ご理解いただけると思います。

エントリー、利益確定、損切り――それぞれでやるべき行動は決まっています。それができて初めて自分のトレードスタイルを確立できるわけです。

僕に限らず、情報発信してくれるトレーダーの言葉づかいや表現を注意深く見てください。そこには思ったより多くのヒントが含まれています。

もう1つだけヒントを明かせば、逆張りを狙うとき、「反転を狙うのか、反発を狙うのか」には違いがあります。**反転とは文字どおり、反対に転じる。つまり、トレンドが変わる状態を指します。一方の反発は、先ほどのリバウンドと同じで一時的に発生する反対方向の値動きです**。反発狙いなら「反発したら利益確定」、反転狙いなら「反転するまで待って利益確定」です。

## ●損切りの原則「撃つ理由を否定されたら切る」

今度は損切りです。そのヒントを明かすと、**「決済を迷ったら、何を狙って入ったのかを思い出せ」**になります。

高値ブレイク後のリバウンドを狙って売りで入ったのなら、リバウンドした瞬間に狙いは達成されているので、リバウンド後に決済するのが正しい利益確定でした。損切りするのは、その反対で「リバウンドしない」ことが確定したときです。そのため、僕自身でいえば「リバウンド失敗」とわかったらドテン（決済して反対ポジションを取ること）することもありますが、それはさておき上級者向けの話だと思ってください。

リバウンドの売りを狙ったトレードの場合、「損切りは直近高値を超えたら」という人もいます。僕も高値を目安に損切りすることはありますが、機械的に切ることはありません。

高値切り上げ・安値切り下げなどを根拠にしてスイングトレードしているなら高値超えでの損切りは正解かもしれません。しかし、僕がやっているのは、スキャルピングです。

スキャルピングをやっているのに日足などの時間軸で見たチャートポイントで機械的に損切りしていたら、自分が何をやっているのかがわからなくなってしまいます。

では、どこで損切りをするのか。**「自分が入った理由が否定されたとき」というのが原則**です。

値動きの勢いが出てきたから買ったのに値動きが止まった——そんなときは即損切りです。長い陽線が出て買ったのなら陽線の始値まで戻ってしまったところで「入った根拠」が否定されたわけですから、これも損切りです。裏を返せば「自分はなぜ入ったのか」を明確に説明できないエントリーはすべきではない、ということでもあります。

相場が上がるか下がるか、しょせんは二択です。効率化された市場では通常、上がる確率も下がる確率も50％なので、取引を重ねていくほどにスプレッド分の負けが積み上がっていきます。

**僕らが撃つのは、何らかの理由で市場が非効率になり確率が50％から離れた瞬間です**。確率の偏りが効率化されてしまったら、あとは運勝負。その瞬間、やればやるほど負ける世界に足を踏み入れています。「上方ブレイク後のリバウンドの勢いが止まっているのに売りポジションを握ったまま」というのは、そんな世界での勝負になってしまいます。それが得策なのかどうかは考えなくともわかると思います。

改めて、リバ取りの損切りをどう考えるか。

「自分が何をやっているかを把握する」という基本から考えると、**リバ取りとはオーバーシュートした動きに対する反発を狙う逆張り手法**だと紹介しました。そして、損切りするのは、その根拠が崩れたときです。

リバ取りの損切りが難しいのは、順方向に動けば動くほど、反発を期待したくなってしまうためです。

例えば、10銭急落してリバ取り狙いの買いで入ったとします。ところが反発せず、さらに2銭、3銭と下がっていく——それを目の当たりにして損切りを考えますが、エントリーしたときよりもさらに下がっているので反発する可能性も高まっているのでは？と期待してしまい、切れなくなります。

通常の相場でのリバ取りならば、反対方向に持っていかれてもまだ許容範囲ですが、これが経済指標の発表時や日銀政策決定会合、さらには為替介入が行われたタイミングだったらと想像してみてください。

急落の一番下（底値）でエントリーできたとすると、一瞬で10銭、20銭のリバウンドが取れる可能性はありますが、反対に持っていかれたときは一瞬でそれ以上に含み損が膨らむ可能性がある。そこで耐えて、耐えて、きたるべきリバウンドを待つのか、切って出直すのか、難しい判断を迫られます。

## ●損切りを巡る議論～即切りと待って切る～

僕が勝てるようになったきっかけの1つが、GMOクリック証券がスプレッドを0・3銭に縮めたことでした。ただし、これは1つの理由にすぎず、ほかにもいろんな要素が絡み合っていたと思います。

損切りについて考え直したこともきっかけの1つでした。

FXの本を読むと「損切りするレートを決めておく」とか、「○銭、逆に行ったら必ず切る」と書いてある本が数多く存在します。レートなのか幅なのかはともかく、「一定の数値に達したら〝即〟損切り」と書いているケースが多いのではないでしょうか。

「思考を放棄してなんでもかんでも即切り」するのが本当に正しいのかどうか、考えてみます。

以前、読んだ本に『勝つまでやめるな!~カジノで学んだ人生の必勝法則~』(和田史久著)という、カジノで稼いだギャンブラーが書いた本がありました。ほぼほぼ稼いだ自慢話だけなので無理して読む必要はないのですが、1つだけ心に響いたフレーズがあります。**「負けは途中でやめたから負けなんだ」**という部分です。

**この言葉をFXに置き換えると、「負けは途中で損切りしたから負けなんだ」**ということになります。損切りしなくていいということではありません。**「いつやめるか」を考えるべき**だと思ったんです。

それというのも、当時、僕がやっていたのは逆張りのスキャルピングでした。逆張りだと、例えば一瞬で5銭跳ね上がって「そろそろ反発するだろう」というタイミングでショートを撃ちます。でも反発せずに、さらに2銭上がってしまった。

ここで「即損切り」するのが正しいのか。

逆張りは、急騰後の反発(この場合は反落)に期待してエントリーしています。そうであれば、売ったところから2銭上に連れていかれてもテッペンで切るのではなく、テッペンから1銭でも2銭でも戻ったところで切るのが正解ではないでしょうか？

1トレードで1銭勝つのも、損切りを我慢して1銭でも有利なところで切るのも、収支に与える効果は同じです。

「何でもかんでも即損切り」ではなく、**切るべきタイミングを工夫**したことも僕が勝てるようになったきっかけの1つでした。

**思考を放棄するのではなく、少しでも有利なタイミングで切る。それを積み重ねることで大きな差になっていく**可能性があります。

では、即切りではなく「待って切る」が正解なのか？

「待って切る」を選ぶ場合には、大きなリスクがつきまといます。「1銭戻ったところで切ろう」と思ったのに戻ることなく、さらに3銭逆行してしまった——。2銭の損失で切れたはずなのに5銭で切らされることになります。この程度ならいいですが、逆行がキツくなるほど損失は膨らみ、メンタルにもダメージが蓄積されます。その結果、熱くなって「暴走」し、根拠のないエントリーを繰り返したり、損切りできなくなったり

図17 順張りと逆張りの損切りの考え方

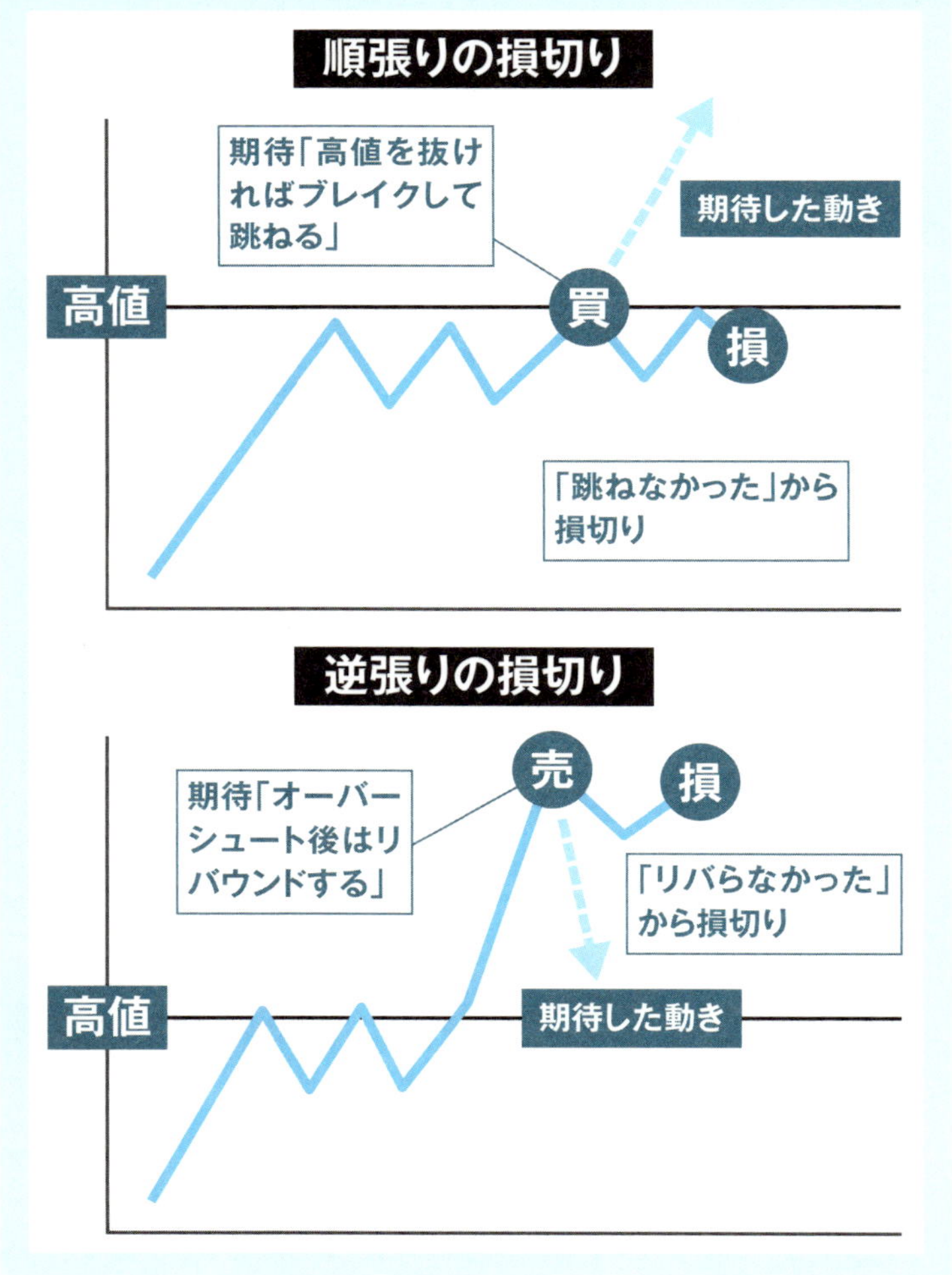

するリスクが高まります。

即切りであれば機械的に切っていくため、メンタルへの負荷は小さく、暴走する可能性は低くなります。

このように「即切りか、待って切るか」はどちらも一長一短があります。ベストなのは「戻りそうなときは待って切り、戻らないなら即切りする」ですが、「戻るか戻らないか」を正確に判断することはもちろん不可能です。

では、「戻るか戻らないか」はどの程度、正確に判断できるのか？

**勝率（利益確定したトレード回数を総トレード数で割った比率）**で代用して考えてみます。**僕の勝率はイマイチな月で52％、めちゃくちゃいいときで57％です。おおむね55％前後です。**

コイントスで買いと売りを決めるようなランダム性に判断を委ねたときの勝率が50％だとすれば、それよりも**5％程度の優位性**があるようです。

5％――。この数字をどう見るかは人それぞれでしょう。厚かましい言い方ですが、16年もFXをやっている僕ですら5％の優位性しかないのであれば、暴走するリスクをはらむ「待って切る」よりも、初心者は即切りでいいのではないでしょうか。

スキャルピング勢は取引スタイルや保有時間など、いくつかの基準によってタイプが分かれます。

経験値を基準にすると、2022年に始まる円安トレンドの大相場以降に勝ち始めた「2022年組」と、それ以前から勝っている古参に分けることもできます。

勝手なイメージですが、長くやっている人ほど「待って切る」が多く、2022年の大相場以降に勝ち始めた人は即切りが多いように感じます。そうだとすれば、2022年以降の大相場での正解は即切りなのかもしれません。

**即切りを選ぶということは、エントリーの精度に集中するということにもなります**。「すぐに上がる」と思ったところで買わないと「即切り」のラインにかかってしまうからです。その結果、トレードの検証もしやすくなるし、「すぐに上がる・下がる」ポイントを探すことに注力でき、戦略が立てやすくなります。

ただ、即切りでも暴走のリスクがゼロではありません。高値の手前で「抜けそうで抜けない」といった動きを繰り返されると、損切りが続いて**「損切り貧乏」**になります。

だからといって「今回は切らずに様子を見よう」と握った途端に大きく下げれば、暴走スイッチが入ってしまうかもしれません。

即切りを選んだなら、損切りを繰り返して損切り貧乏になっても1トレードで取り返せるようなエントリーの精度、小さな損切りに耐えて同じことを繰り返す精神力、ルールを守る自制心が必要です。

ただし、相場は変わります。今の相場では即切りが正解であっても、いずれ様子を見ながら切ることが正解になることもあるでしょう。

どちらにしても、**大切なのは「エントリーしたときの判断が否定されたら損切る」こと**です。ここで気をつけてほしいのは「否定されたとき」の考え方です。

**「上がると判断して買った」。この判断の否定とは「下がった」ではありません。「上がらなかった」です**。つまり、買ったのに上がらなかったら損切りです。売りの場合も同様に、下がると判断したのに下がらなければ損切りです。

## ●「ラウナンファーストタッチ」は逆張り

ここからは具体的な手法を1つ紹介します。ただ、気をつけてほしいのは「有効な手法は時代や相場環境で変わる」ということです。今日は有効な手法が、明日も有効だとは限りません。

**手法の手前にある「考え方」は普遍的**ですが、さらに一歩踏み込んだ**手法となると時代による移り変わりが激しい**ものでもあります。それを理解したうえで、「ジュンはこういうことを考えながらトレードしているんだ」という例証の1つとして読んでください。

高値・安値やラウナンを利用した順張りと逆張りを紹介してきましたが、皆さんが実践するときに迷うのが「このラウンドナンバーは順張りと逆張りのどちらで使うほうがいいのか？」だと思います。

「ラウナンの抜け（ブレイク）を順張りで取って利益確定したら即ドテンして逆張りでも取る」なんてトレードができたら理想的ですが、ブレイクの攻防はスピードが速いため、そう簡単ではありません。

## オアンダのオープンオーダー&ポジション

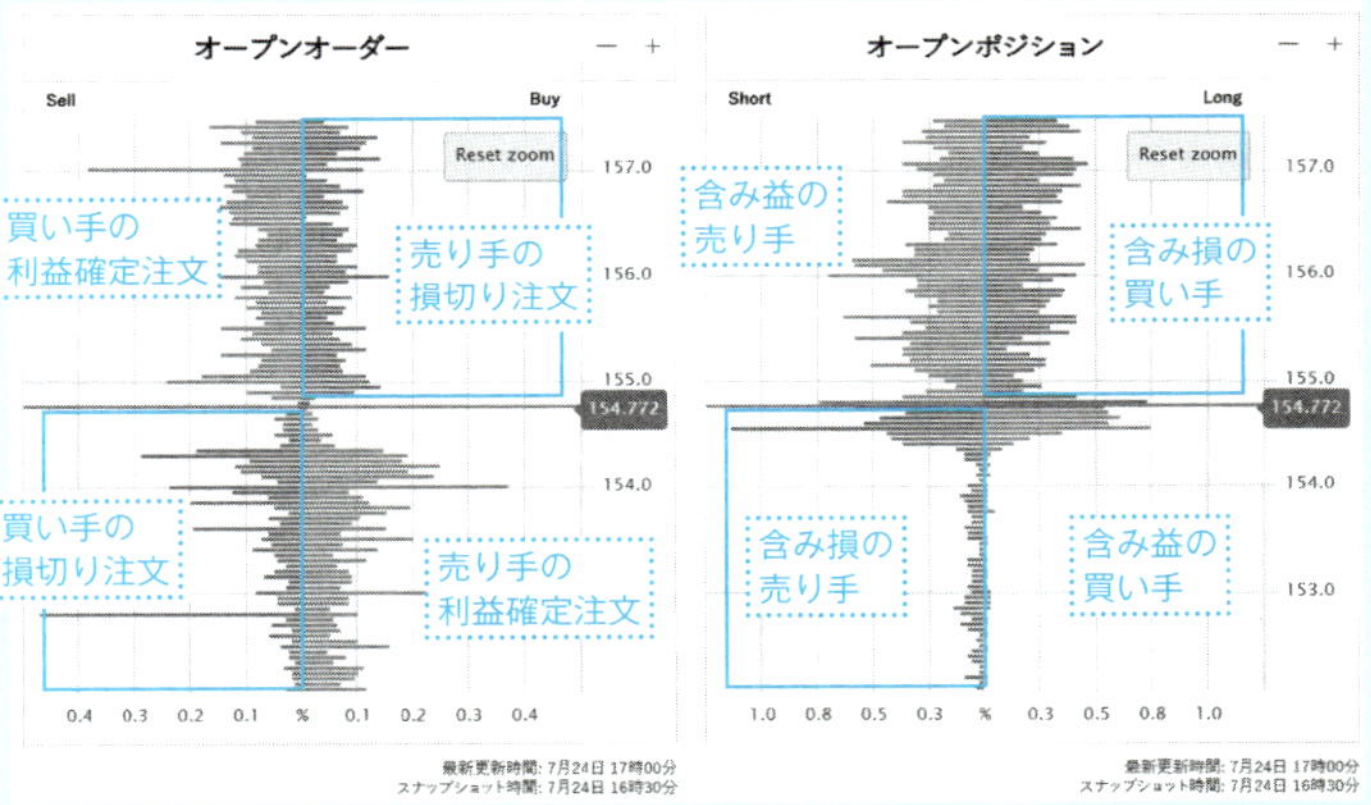


損切り注文が多く溜まっているならば順張りで正解ですし、損切り注文があまりなく、むしろリバウンド狙いの指値が多いようなら逆張りのほうに優位性がある、ということになります。

どれだけ損切り注文が溜まっているかは、外資系FX会社**OANDA（オアンダ）の「オープンオーダー」**などで確認することができます。日本のFX会社では、外為どっとコムなども「外為注文情報・板情報」として、トレーダーの注文状況を公開しています。

オアンダでは、レートごとに買い手や売り手がどのくらいいるのかも**「オープンポジション」**として公開しています。

## 図18　ラウナンファーストタッチは逆張り

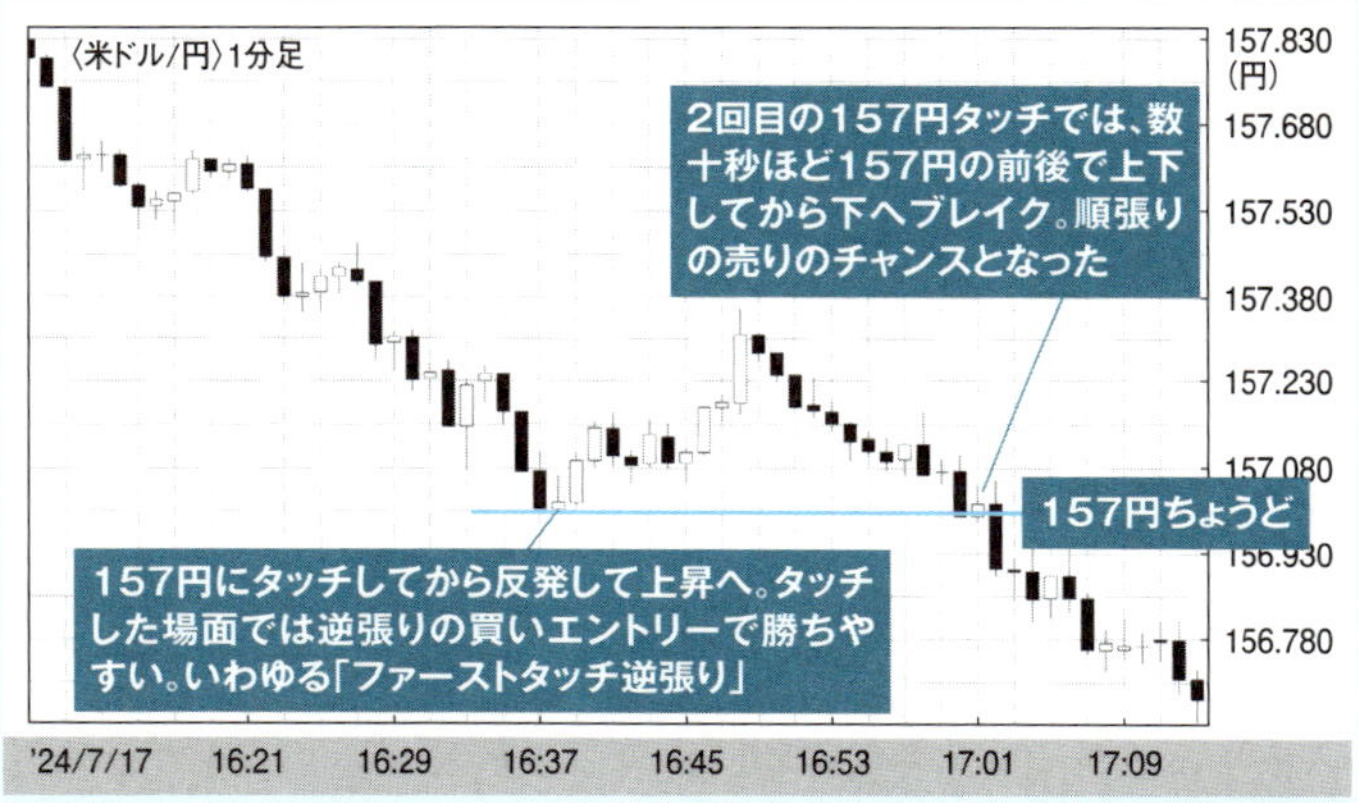
〈米ドル/円〉1分足
157.830
(円)
157.680
157.530
157.380
157.230
157.080
156.930
156.780
2回目の157円タッチでは、数十秒ほど157円の前後で上下してから下へブレイク。順張りの売りのチャンスとなった
157円ちょうど
157円にタッチしてから反発して上昇へ。タッチした場面では逆張りの買いエントリーで勝ちやすい。いわゆる「ファーストタッチ逆張り」
'24/7/17
16:21
16:29
16:37
16:45
16:53
17:01
17:09

含み損で苦しんでいる売り手が多ければ高値を抜けたときにストップが発動する可能性が高まります。含み損になっている買い手が多いなら、「自分が買っているとしたらどこの安値にストップを置くだろうか」と推測してみてください。

実際に**オープンオーダーを見てもらえばわかるように、ラウナンや直近高値・安値にはだいたい大きな注文が並んでいます**。そのため、慣れてくると「あえてオープンオーダーを確認するまでもない」と考える人も出てくるでしょう。しかし、最初のうちは答え合わせのためにオープンオーダーを確認するほうがいいと思います。

これらを生かして、順張りと逆張りのどちらでトレードすればいいのか？　実際には経験や熟練度によって選択すべきトレードは変わってきますが、初心者の方に1つだけ原則を伝えるとすれば**「ラウナンファーストタッチは逆張り」**（図18）です。

155円のラウナンに向かって上がってきたなら、155円ちょうどをつけた――レートパネルに「155・00」の数字が見えた瞬間に売りです。

**経験則として、ラウナンを一発目でブレイクすることは少なく、ラウナンにタッチした瞬間、跳ね返されることが多いためです。**

ラウナンに合わせて逆張りの指値が多く入っていれば、ラウナンにタッチした瞬間、弾き返されて数銭動きます。今年の最安値・最高値などの重要な節目と重なる〝強いラウナン〟であれば、10銭や、それ以上の反発を見せることもあります。反発したらその瞬間に利益確定です。このタイミングを逃すと、即座に戻ってきてしまうことが多いため、利益確定のチャンスは一瞬です。

損切りはというと、ラウナンを抜けてしまったときです。ファーストタッチでブレイクすることだって当然あります。そのときに逆張りしていると大きな損切りになってしまう可能性があるため、ファーストタッチで反発しないと思ったら即損切りです。

# 3

## 順張り・逆張りのトレード

### まとめ

日足など長い時間軸のチャートに映る
高値・安値ほど節目になる

ラウンドナンバーは
高値・安値でなくとも節目となる

順張りエントリーのトリガーは
高値・安値のブレイク

順張りの利益確定が逆張りの
エントリーポイント

損切りは
「入った理由が否定されたとき」

# 4 大衆・横軸・プライスアクション

## ●サルは読めない、大衆を引っかける

高値・安値やラウンナンをトリガーにしたトレードについて、ここまで説明してきましたが、スキャルピングの手法はそれだけではありません。ここからは違った角度から、どんなトレードが考えられるかを見ていきます。

最初に理論から考えて、実践的な話に進めていきます。まず、問いたいのは、誰かの売買を先読みできるか？です。

「チャート分析のセオリーを何ひとつ知らない人」がいたとします。彼らの売買を先読みすることは、ほぼ不可能です。

「なんとなく上がりそう、やっぱり下がるか」と**雰囲気や思いつきで注文ボタンをクリックする人の行動を予測しようとしても、それはサルの行動を予測するのに等しい**からです。

もう一人、**「チャート分析のセオリー集を読んだことのある人」がいたとします。この人たちの行動は予測できます**。

チャートの形は誰が見ても**ヘッド&ショルダー**（三尊天井／図19）を示しているとし

図19 ヘッド&ショルダーとWボトムの見方

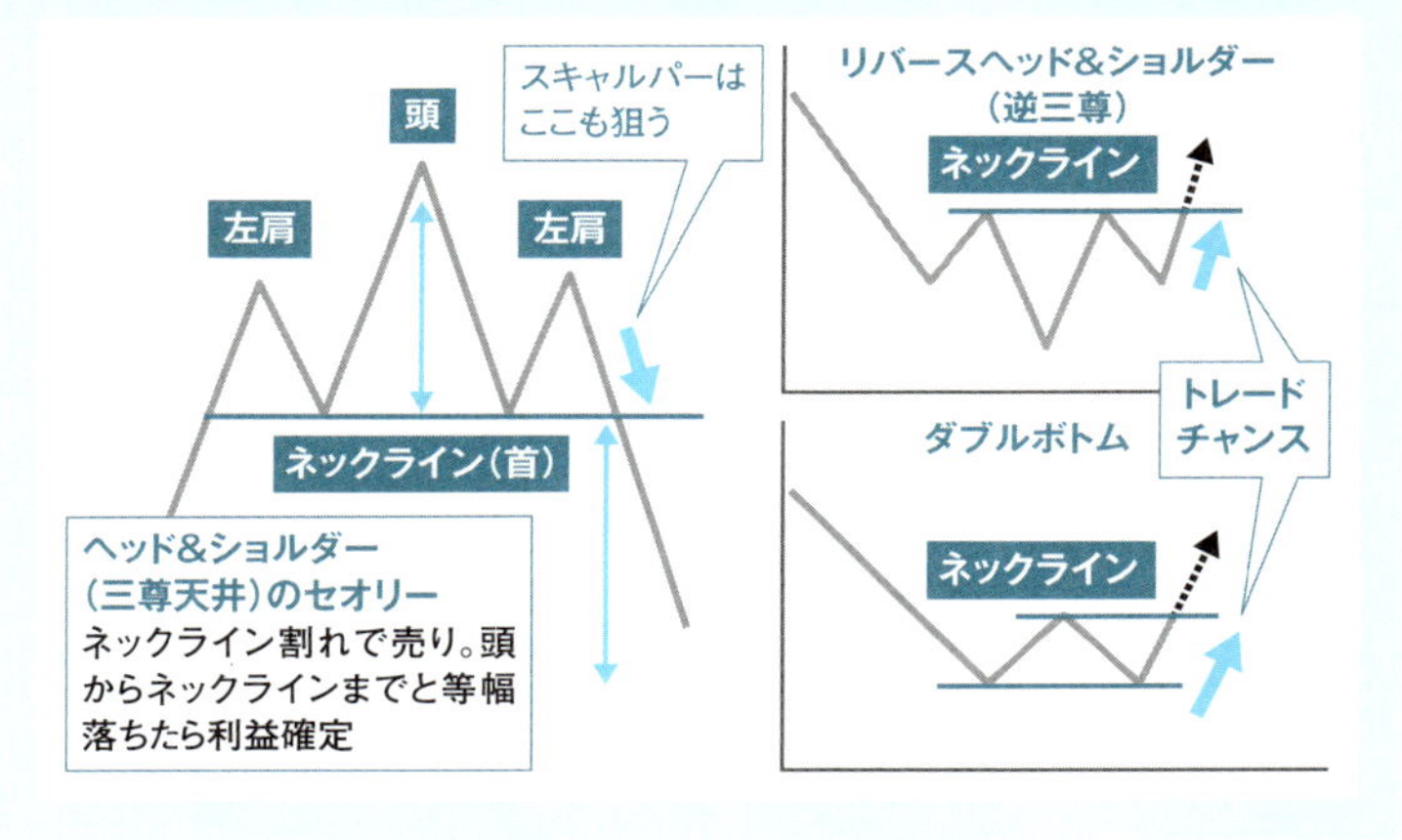


たら「ネックライン割れで売ってくるだろう」と予測するのは難しくありません。実際、そのセオリーどおりに売ってくる人が多いでしょう。**「サルの行動は予測できないが、小利口なヤツの行動は予測できる」**のです。

相場ではよく「大衆の逆を行く」と言われます。この**大衆心理とは何か？**

相場が「大衆の逆を行く」ならば、為替市場に参加している多くの人の心理を知れば、ＦＸで勝てることになります。

大衆とは、一般的には「多くの人」です。**僕に言わせると、為替市場の〝多く〟は「トレードの理屈を少しはかじっ**

**たことのある人たち」です**。

先ほどの例でいえば、チャート分析のセオリー集くらいは知っている人たちであり、そうした**「小利口なトレーダーの思惑の集合体が大衆心理」**です。

ちょっとばかり知識があってチャートパターンを知っているから、ヘッド&ショルダーを見つけたら条件反射のようにネックライン割れで売る、ダブルボトムが形成されたらネックライン越えで買おうと考える。それが**「大衆トレード」**です。

**相場が「大衆の逆を行く」のは事実**だと思います。ネックライン割れでの安易な売りで勝てるほどFXは甘いものではありません。ネックラインを割れたと思ってもダマシ（分析上は買いサイン〈ないしは売りサイン〉が出ているのに、理論どおりの値動きにならないこと）になったり、売り手を振るい落とすような上昇を挟んでから最後に下落したりと、相場は素直には動きません。

FXでビギナーズラックが往々にして起こるのは、初心者であるがゆえにセオリーを知らず、大衆の裏をかくような売買を行うからです。

ところが、ビギナーズラックで味を占めて「勉強したらもっと勝てるだろう」と知識

## 図20 大衆が騙される値動き

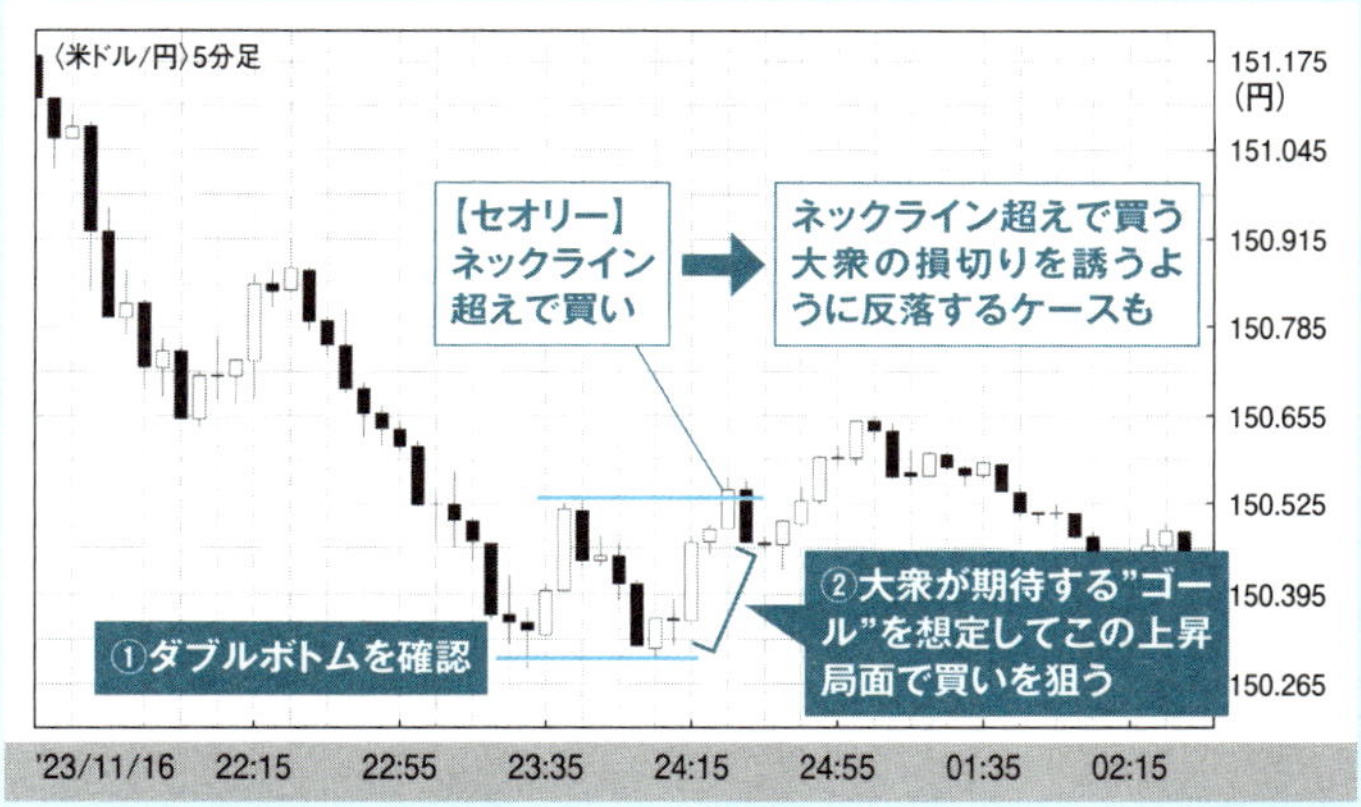


を入れる。すると、途端に勝てなくなる。サルが大衆へと進化し、知識をつけた結果、大衆トレードをするようになってしまうからです。

なぜ、大衆は負けるのか？

それは、**大衆の行動が先読みされているから**です。

**大衆がネックライン割れで売るということがわかっていれば、ネックライン割れのあとに相場を少し持ち上げるだけで大衆の損切りを誘発させることができます**。大衆が一斉に損切りすると、その瞬間、相場は跳ねます。そこで利益確定すれば短時間で利益が得られます。

相場は往々にして、広く知られたセオリーやアノマリー（理論的根拠には乏しいが、よく見られる相場の経験則）を崩してきます。少数の人しか知らない間は有効なセオリーが、広く知られて大衆が便乗するようになると通用しなくなることがあります。

それは大衆の損切りを引っかけることで、簡単に稼げるからです。

チャートのセオリーを否定することで大衆のストップ（損切り）を引っかける——これは相場でよく見られることですし、**大衆心理を先読みすることで僕らもその動きに便乗できます**。

では、僕らが狙うべきポイントはどこか。

その答えの1つが**「大衆のストップを引っかけるところ」**ということになります。

## ●ブローカー心理から考える2つのトレードポイント

大衆心理を利用したトレードを、為替市場のブローカー目線で考えてみましょう。為替の注文は最終的に銀行なり証券会社なり、為替市場に流動性を供給する「マーケットメイカー」に流れていきます。彼らは注文量が増えるほど多くの手数料収入を得ることになります。

では、売買を活性化させるにはどうするか。

狭いレンジ相場では盛り上がりませんから、チャートの形状を「誰が見てもダブルボトム」といったように、わかりやすいチャートパターンにするのがよさそうです。

2番目のボトムをつけてからレートを折り返してネックラインへ向かわせる。あとはネックライン越えの買いを狙う大衆と、大衆のストップを狙うハンターが勝手にガチャガチャと売買してくれます。

陰謀論めいた話になりますが、ある本によると証券会社や銀行、ヘッジファンドなどのマーケットの巨人がある程度、相場を動かしていて、チャートの形状をわかりやすくしたうえで大衆と〝ストップハンター〟が待ち構えているネックラインまでのルートを整備するそうです。実際、あり得る話です。

目線をトレーダーに戻します。

まとめると**相場では大衆が最もカモにされやすく、大衆のストップを引っかけたところは利幅を抜きやすい局面**となります。また、**大衆の売買を誘発させるために「大衆が**

**売買したくなるレート」をゴールにしたトレードも有効**になります。先ほどのダブルボトムの例に照らせば、大衆はダブルボトム形成後にネックラインに到達したら「さらに上昇する」とセオリーどおりに考えます。大衆が「買いを入れたくなるレート」が明らかなので、それを見越してネックライン到達前に買いを入れるというトレードも有効になってくるわけです。

スキャルピングで狙えるのは高値・安値といった、値動きが活発でわかりやすいポイントに限りません。その高値・安値やネックラインを目指すような、一見すると〝地味〟な値動きにもトレードチャンスがあるのです。誰もが注目する重要な節目の「手前」の値動きにも注目するといいかもしれません。

## ●インジケーターかローソク足か

さらに一歩踏み込んで、具体的なトレード手法に落とし込んでいきます。

皆さんはどのようにＦＸを勉強してきたでしょうか？

ロングやショート、通貨ペアといった言葉を覚え、ローソク足の意味を知り、もう少し実践的な分析法に踏み込んでいき――そしてチャートパターンと出合いませんでしたか？　ダブルボトム、ダブルトップ、トリプルボトムにフラッグ、ペナント、三角持ち合いなどなど、主なチャートパターンは10種類くらいでしょうか。

初心者が最初に学ぶのがチャートパターンです。これは世界共通だと思います。

一方、テクニカル分析については人それぞれに好みがあって、「市場参加者の誰もが意識して使っている」と言えるのは**移動平均線**くらいではないでしょうか。ただ、移動平均線はパラメーターの設定次第で、どこがチャートのポイントになるかが変わってきてしまいます。パラメーターとは、ローソク何本分の平均値を示すかという数字です。

この移動平均線は、**過去の価格の平均を1本のラインとして表示するテクニカル分析の代用的なインジケーター**ですが、これだけに従って稼いでいる人を僕は知りません。あるいはＭＡＣＤは「オシレーター」と言われる「買われすぎ・売られすぎ」を測る代表的なインジケーターですが、これだけに従って稼いでいる人も僕は知りません。

こうしたテクニカル分析を全否定するわけではありませんが、最も頼りになるのは価格そのもの、つまりローソク足だと思います。長年同じインジケーターを見続けること

## 図21 遅行指標にすぎないオシレーター

で何らかの示唆は得ているのかもしれませんが、「インジケーターがこうなったからエントリー」といった使い方だけで勝ち続けている人はいないのではないでしょうか。**テクニカル分析のほぼすべてが過去の値動きを加工して表示されます。その点で、価格そのものを表示してくれるローソク足に比べたら、すべてのインジケーターは「遅行指標」でしかないのです**。

オシレーターにしても、相場の過熱感などがインジケーターに反映されるのは遅いので、スキャルピングを得意とする人ほど、使用しない傾向にあります。そもそも、売られすぎているか、買われすぎているかなんてＲＳＩを見なくてもローソク足そのものから判断できます。そんなものを見る必要はない、というのが僕の結論です。

第１章で僕が聖杯を探して〝遭難〟した話をしましたが、皆さんは決して同じことを繰り返さないでください。聖杯はありませんし、インジケーターをいくら表示させても答えは見つかりません。

時として移動平均線がチャートの節目になるようなこともあるため、**まったく意味がないわけではありません**。ただ、**インジケーターを研究するよりも先にやるべきは、ロ**

**ーソク足そのものの研究**です。それをおろそかにして聖杯を探すのは判断を放棄するのも同然です。そこに進歩はありません。

## ●「誰が見ても同じ」ポイントを見る

先ほども少し解説しましたが、インジケーターの一種に**「オシレーター」**があります。MACDやRSIなどがその代表格です。簡単に言えば、**「買われすぎ・売られすぎ」という相場の過熱感を示してくれる指標**です。しかし、その使い方は人それぞれ。単純に買われすぎ・売られすぎを確認する人もいれば、オシレーターにトレンドラインを引く人もいます。最もポピュラーなテクニカル分析である移動平均線にしても、パラメーターの設定1つで表示される節目は変わってしまいます。

これに対して、**チャートパターンが示すポイントは「誰が見ても同じ」**です。ダブルボトムになっていれば誰もが「ネックラインで買い」と考えるし、ネックラインが示すレートは「誰が見ても同じ」です。ネックラインの前後では買いも売りも集まりやすいということになります。

チャートパターンが示すポイントは、それだけ〝力〟のあるポイントになりやすいということです。

では、「ダブルボトム形成後のネックライン上抜けで買い」は正解なのか？

僕はそうは思いません。ネックライン前後は誰が見ても重要だとわかるチャートポイントなので、買い手も売り手も注目します。ネックラインを抜けるかどうかは、そのときの相場次第です。

デイトレードやスイングトレードなら、ネックラインをしっかり抜けたのを確認してから売買すればいいのかもしれませんが、僕らがやっているのはスキャルピングです。しっかり上抜けした頃には値動きの勢いが止まってしまっています。

では、**スキャルピングで稼ぎたい僕らはダブルボトムのどこを狙うのか。僕の答えは「ネックラインへ向かう動き」です**。

ネックラインの±1銭では買い手と売り手による激しい攻防があっても**「ネックラインをゴールとする動き」**は意外とすんなりいくことが多いからです。

考えてみれば当然で、もしあなたが注文を置くとしたら「ネックラインまであと5銭」のレートではなくて「ネックラインそのもの」を選びますよね。そう考えると、ネックラインの手前には注文が集まりにくく、そこで売買するのは「ネックラインを上抜けさせてダブルボトムを成立させよう」と企む買い手が主となるはずです。

僕らが乗るべきは、この「ネックラインをゴールとする動き」です。ネックラインの寸前まできたら利益確定し、あとは「ダブルボトムが成立するのか？」と寄ってくる大衆に任せて高みの見物です。

**チャートパターンを探す時間軸は何でも構いませんが、週足や日足、4時間足など多くの人が見る時間軸のチャートほど、重要な節目を示す傾向にあります。**5分足や1分足のような超短期のトレードをする人しか見ない時間軸のローソク足だけを見ていたら、節目を見つけにくくなります。

これが僕の考えるチャートパターンの利用法です。

ここまではダブルボトムを例に説明してきましたが、ダブルトップやトリプルボトム、ヘッド&ショルダーなど、ネックラインがエントリーポイントとなる「ネックライン

## 図22 そのほかの代表的なチャートパターン

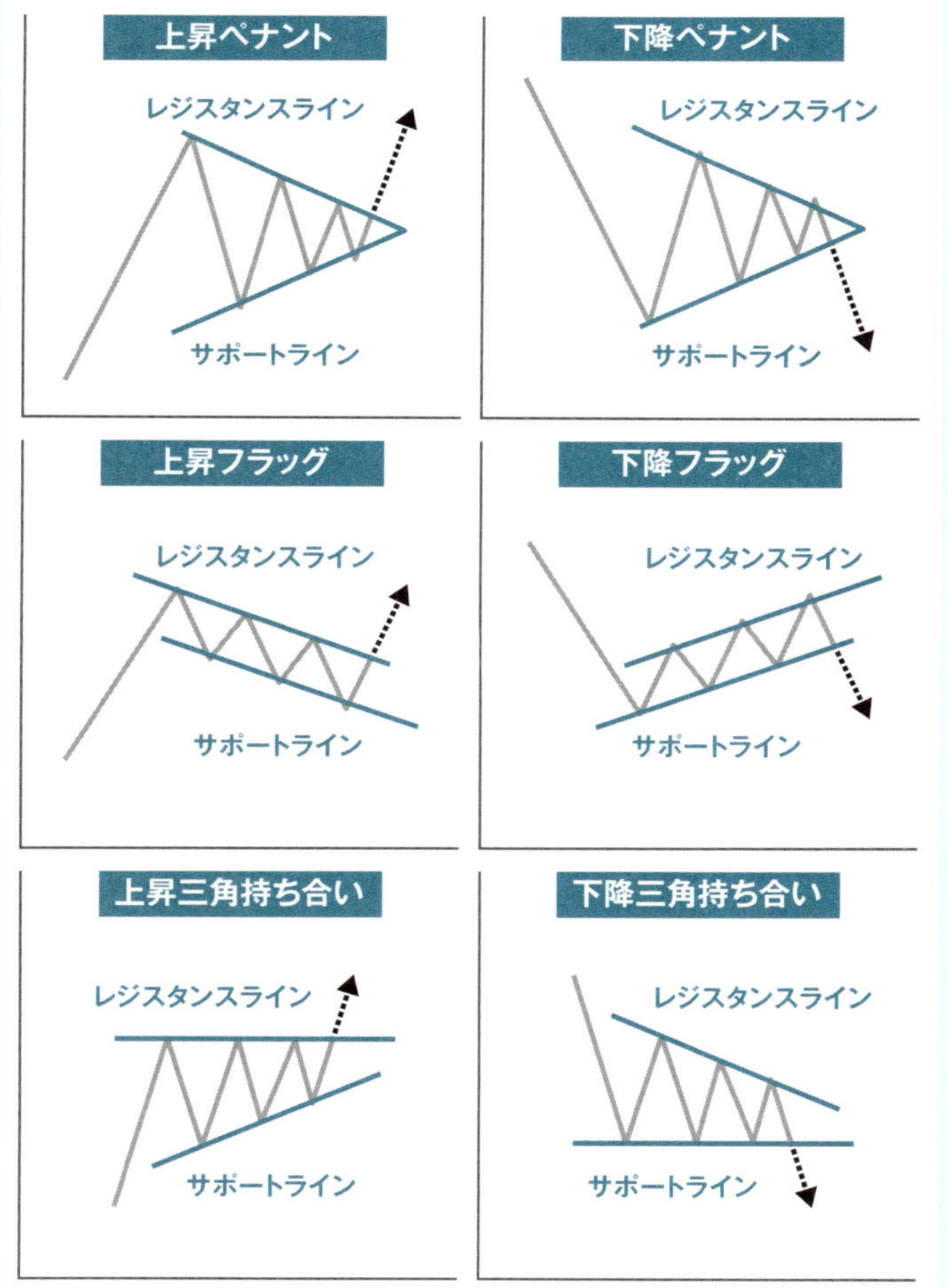

型」のチャートパターンであれば、いずれも同じ考え方ができます。「チャートパターンだと、ここで入るのがセオリー」という「ここ」を僕らはゴールと考え、「ここ」を目指す動きを狙っています。

ここまで説明すれば、あとはネックラインまでのどこで入るのか、というタイミングの問題だけです。

「高値をブレイクしたら買い」といったようにわかりやすいエントリーポイントがあるわけではないので、初心者はすぐに取り入れにくいかもしれません。どのくらい手前で入るのがいいか、どんなときに入るのがいいかは、そのときのボラティリティや時間帯などによっても変わるため、一概には言えません。ダブルボトムであれば「2回目のボトムをつけてネックラインへ向かって折り返した」というポイントかもしれませんし、あるいは長い陽線が出たら**「この勢いでネックラインを目指すのでは」**と考えてみたり。それぞれのケースを各自で研究してみてください。

一方、チャートパターンにはネックラインの存在しないものもあります。**フラッグ**や**ペナント**、**三角持ち合い**（図22）です。これらは高値と高値、安値と安値を結んだ斜めのラインがエントリーポイントとなるため、線の引き方が変わればエントリーポイントも変わってしまいます。

そのため、ネックライン型のチャートパターンよりも難易度が高くなります。上昇トレンド中のペナントであれば「高値同士を結んだラインを上抜けて買い」がセオリーです。ここでも同じようにみんなが買いだと判断する高値ラインをゴールにするかというと、意外とこれが難しいので注意が必要です。

## ●上げは放物線、下げは一直線

上げ相場（上昇相場）と下げ相場（下落相場）にはどんな違いがあると思いますか？

リーマンショックや東日本大震災、コロナショックのような「○○ショック」が起きると、株価指数や個別株、コモディティなどが暴落します。2020年のコロナショックのときには、日経平均が2万3000円から1万7000円割れまで一気に下げました。

株は基本的に買いから入る人が多いため、下がれば損切りの売りが入り、さらに下がると新たな損切りの売りが入り……というように「売りが売りを呼ぶ」急落が起こりやすくなります。

一方で、上がるときは「買いたいけど押し目（上昇相場における一時的な下げ）を待って買おう」という人が多くなるため、「買いが買いを呼ぶ」ということは起こりにくい。上がったら少し下がってまた上がり、また少し下がったら上がるという具合に、ジリジリと上げていく相場になりがちです。

つまり、**「上げはゆっくり、下げは急激に」**というのが株式市場の基本的な特徴になります。

実は、**ＦＸでも同じ**です。

ＦＸで取引される通貨ペアは「通貨と通貨の交換」です。米ドル／円ならば、米ドルを買いたい人もいれば、米ドルを売りたい人もいる。逆に、円を買いたい人もいれば、円を売りたい人もいる。一見すると、株のように「基本は買いから入る」という原則が当てはまるようには思えません。

それにもかかわらず、ＦＸでも「上げはゆっくり、下げは急激に」という特徴があります（図23）。特に米ドル／円やクロス円（米ドル以外の通貨と日本円とのペア）には

## 図23 「上げは放物線、下げは一直線」の値動き

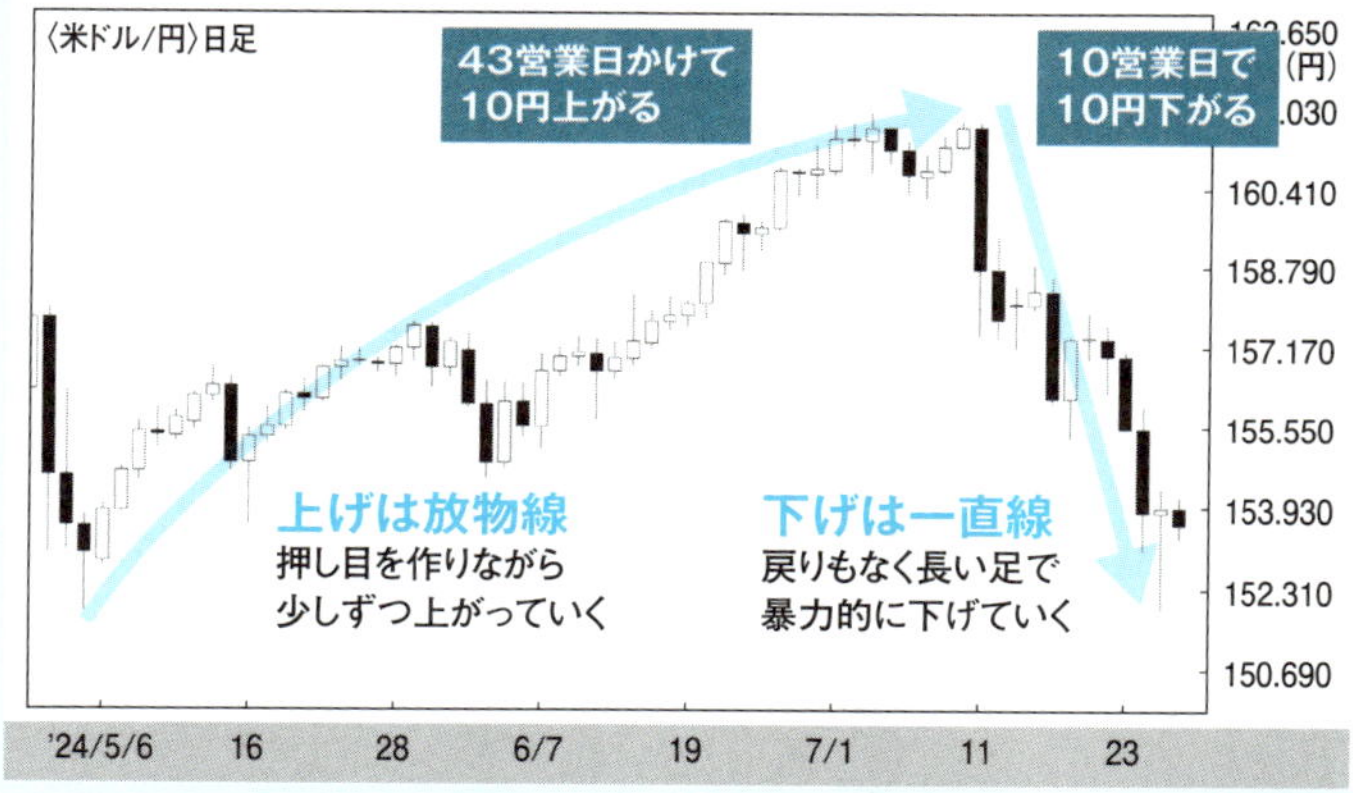


それがハッキリと表れます。

理屈をつければ、**円と他通貨の金利差**が大きいため、と考えられます。米ドル／円やクロス円を買うことで、スワップ金利（通貨間の金利差調整分）がもらえます。そのため市場が落ち着いていれば買いポジションが溜まっていき、きっかけがあれば溜まったポジションが解消されて売りが売りを呼ぶような急落が起こる、ということかもしれません。

しかし、それだけでは説明できません。なぜならば日米金利差が小さく、スワップ金利がゼロやマイナスだったときにも「上げはゆっくり、下げは急激に」という特徴が見られたからです。直近では2

020年に10年物国債の日米金利差が1％割れにまで縮小しましたが、やはり米ドル／円は上昇局面よりも下げの勢いのほうが急でした。コロナショックの影響もありましたが、上げと下げの勢いの差は、金利差のみで説明がつくものではないようです。

僕は「上げはゆっくり、下げは急激に」という特徴には、人の見る景色が関係しているのではないかと考えています。

**人には見慣れた景色があります**。上昇するときに描くイメージは、例えばボールを高いところへ投げたときの軌道です。頂点に近づくほど上昇スピードは衰えます。頂点を過ぎると、ボールは徐々に加速しながら落下していきます。

このように、人には上昇と下降に対するイメージが染みついています。そのイメージどおりの軌道が、**金融市場にも自然と表れている**のではないでしょうか。

急激に上昇するチャートを見れば、放物線の軌道をイメージして「もう少し上がっていくのでは」と考える人が増え、買いが入りやすくなる。ところが、失速して下落に転じると、落下するボールの軌道を頭に浮かべて「もっと急落するのでは」と恐怖に駆られる。こうして「上げはゆっくり、下げは急激に」となるのです。

根拠があるわけではありませんが、人の見慣れた景色、物理の法則がチャート上で表現されることはあると思っています。

では、この法則をトレードにどう生かすか。

**トレードのレベルを一段、引き上げるには「ここからどんな形を描いて上がっていくのか、どう落ちていくのか」とチャートの形を想像する必要があります**。

僕がチャートを見るときにイメージするのは、ボールです。

チャートが上昇相場を示しているときは、ボールを上に向かって投げたときの軌道を思い浮かべる。最初は勢いよく上昇しても、徐々に〝上げ〟の勢いが衰え、頂点で値動きが止まる。

下落相場では、高いところから下にボールを落としたときの軌道がしっくりくる。加速しながら一直線に下げるイメージです。

通貨と通貨の交換である為替市場では、論理的には下落も上昇も同じかもしれませんが、実際の動き方は違います。仮に、上昇も下落も同じ動き方をするのなら、米ドル／円のチャートを上下に反転させても同じようなチャートになるはずですが、そうはなりません。

人によっては「売りのほうが好き。なぜなら短時間で大きな値幅が取れるから」と話す人もいます。**「売りは一直線」**だからです。一方で、買いが好きな人もいます。「買いのほうが好き。押し目で買っていけばいいから」というのが理由です。

一直線の下落だと最初に注文を入れられなかった場合、途中から飛び乗るのには勇気がいります。でも、**上昇相場では、途中で下げて調整する局面＝押し目があるため、エントリーのチャンスは広がりやすい**のです。

ＦＸに慣れてくると、人それぞれに得意なチャートができてきます。急落を取るのが上手な人、そのリバウンドで大きく取れる人、レンジが得意な人――。

**僕にとって「トレードしやすい」と感じるのは、ヒゲのつかないローソク足が何本も続く、トレンドのはっきりしているチャートです**。

チャートを見ていると陽線が続いたりして、誰が見ても「上昇トレンドだ」とはっきりわかることがあります。1分足に限らず、5分足でも15分足でも構いません。1時間足よりも長い足になるとスキャルピングに使いづらくなるので、1分足から15分足くらいまでを想定してください。

陽線の値幅は大きくなくても、「ヒゲがなく、トレンドの明確なチャート」だったら「トレンドに順張りしてロングで入ろう」と戦略が立てやすくなります。そのトレンドが続く限り、買いでのエントリーは「負けにくい」からです。あとは、入るタイミングの問題になります。

## ●プライスアクションでのリバ取り

まだ勝てなかった時代、**「ティックチャート」を見るようになったことも僕の転機になりました**。

ティックチャートは**すべての値動きを記したチャート**です。ローソク足ではなくラインで描かれ、値動きが発生するたびに更新されます。そのため、横軸は時間ではありません。値動きのあった回数になります。

ティックチャートを見ると1分足の中の、さらに小さな相場の波が読み取れます。あらゆる値動き＝**プライスアクション**を反映したチャートです。

## 図24 ローソク足から次の値動きを予想

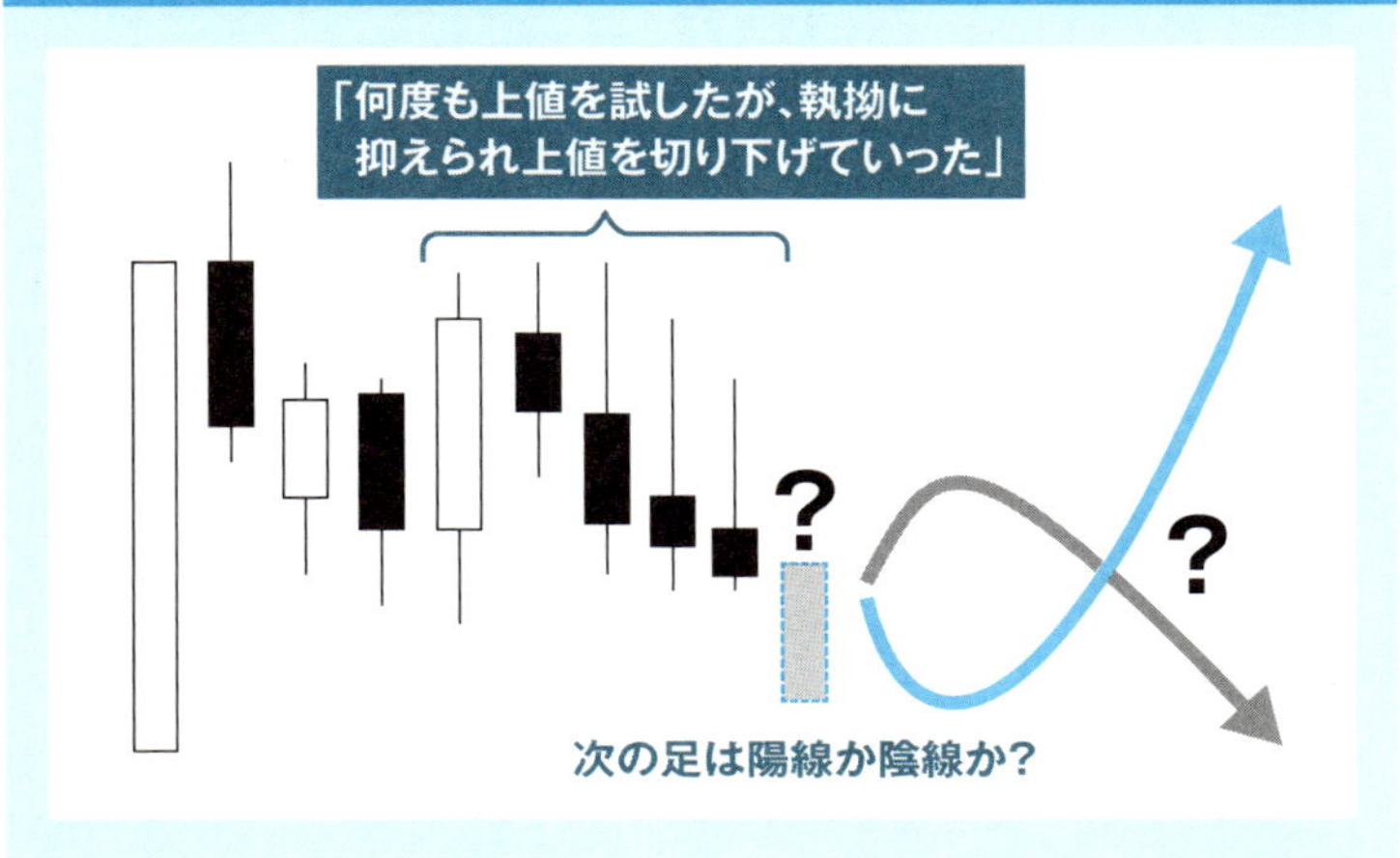

「何度も上値を試したが、執拗に
抑えられ上値を切り下げていった」
?
?
次の足は陽線か陰線か?

苦戦していた時代から今に至るまで、常に僕が仰ぎ見ていた個人投資家がいます。**黒猫アイランドさん**（@kuroneko_island）です。そのブログを今も読み返すことがあるのですが、プライスアクションについて解説した「トレードに役立つ第6感を鍛える。」という記事にこう書いてあります。

〈最後のヒゲが多い5本の間にこんな言葉での情報があったらどう考えるだろう。「何度も上値を試したが執拗に上値は抑えられ、段々と上値を切り下げていった」

こう言われたら、このあと数本のロー

ソク足では陰線が出る確率が高いと思うのが自然ではないか。

だが実際、ローソク足を見ただけではまったくその判断はできない。

（中略）

そういった情報を見分けられるのが、ローソク足がどう形成されたかという「プライスアクション」だ。〉（図24）

**僕はプライスアクションをティックチャートで判断しますが、レートパネル（為替レートの数字が表示された画面）の数字の変わり方や点滅の仕方で判断する人、ローソク足の伸び縮みの具合で判断する人も**います。

どれが正解だということはありません。僕はティックチャートを見ていますが「ジュンが使っているから」というのではなく、見比べてみて自分が見やすいもの、プライスアクションを感じやすいものを選択したらいいと思います。

特に理由もなく数秒、数十秒のうちに10銭、20銭と下げたときは、たいていリバウンドの動きが発生します。下落の起点となった為替レートまで「全戻し」することもありますし、「半値戻し」までかもしれません。反発の程度に差はあれど、リバウンドはたいていあります。こうした**リバ取りを狙うトレードをする際に、プライスアクションを見る**ようにしましょう。

為替介入が警戒された時期には**「エア介入」**や**「介入もどき」**と呼ばれる現象が頻繁に起こりました。ヘッジファンドなどの大口が介入に見せかけて仕掛ける投機的な売買です。こうしたエア介入に対して、僕は積極的にリバ取りを狙いました。もちろん、本物の介入であった場合には大きな損切りを余儀なくされるため、見極めが必要です。

リバ取りは為替市場で往々にして起きる「現象」を利用したスキャルピングの王道ともいえる取引であり、「プライスアクション」を利用したトレードです。つまり、チャートなどは度外視し、為替レートの動きだけで判断するトレードです。

ただし、プライスアクションを見すぎると、判断を誤る可能性も生じるので注意が必要です。

ティックチャートを見ていると、ごく微小なレベルのサポートラインやレジスタンスラインを意識してしまったり、小さな上昇でも急騰に見えてしまったりして、ムダなエントリーが増えてしまうことがあるからです。

## 優位性を生かすヘッドライントレード

トレーダーのなかには**ファンダメンタルズ（経済の基礎的条件）**を根拠に売買する人もいます。「FRB総裁がタカ派的（金融引き締め）な発言をしたから米ドル／円を買う」といったスタイルです。

このようなヘッドラインが出た瞬間に為替レートは反応します。テキストデータを自動で読み取って売買する「アルゴリズム・トレード」が先回りするからです。いくら僕のようなスキャルピングトレーダーが高速で取引を行うといっても、アルゴのスピードには太刀打ちできません。

そのためヘッドラインで勝負するには、別の何かが必要です。僕はこの分野に詳しいわけではないのですが、**「日本人ならではの優位性」で勝負する人もいます。日銀総裁の記者会見や国会答弁はその最たるものです。**

国会の答弁で金融政策の変更を示唆するような発言があったとします。日本語での発言なので、国会中継を見ていれば僕らはリアルタイムに「重要な発言が出た」とわかり

**図25　日銀総裁会見に見られたトレードチャンス**

ます。ニュースとなってヘッドラインが配信されるのは早くても数十秒先です。

　まず、この時点でヘッドラインに対して先回りができます。相場を最も大きく動かすのは欧米のプレイヤーですが、彼らが英語のヘッドラインを目にするのは日本語のヘッドラインが出てからさらに数秒、数十秒後です。日銀総裁の記者会見なり国会答弁なりをリアルタイムで見られて、瞬時に理解してトレードできるのは、日本語を母国語とする僕らの優位性なのです。

　実際、日銀総裁の記者会見では、僕らにとって「またいつものやつか」と感じてしまう「金融緩和を粘り強く続けていく」という言葉が聞こえてきた数秒後にチャートが円安方向に反応するといったことが何度もありました。

また、日銀の金融政策も注目されます。日銀は２０１６年にＹＣＣ（イールドカーブ・コントロール＝長短金利操作）を導入して以降、何度も修正を重ねました。長期金利（10年債利回り）の誘導目標を±０・５％にしたかと思えば、１％を上限の目安にしたりと、徐々にＹＣＣは形骸化していき、２０２４年３月にようやく廃止されました。

その後、日銀は利上げへと動きだし、日本も17年ぶりに「金利のある世界」へと変わりました。こうした変化を瞬時に察知して、最も上手にトレードに生かせたのは僕ら日本のトレーダーだったはずです。

「ニュースが出た、高値を抜けたら飛び乗ってみよう」と「ヘッドライン＋プライスアクション」で考えたり、「いい形のチャートになってきたし、動きやすい時間でもあるから買ってみよう」というように、「チャート＋時間帯」で判断することもあります。

本章ではチャートを軸にして考えてみましたが、次の章ではチャートの横軸にあたる「時間」について考えていきましょう。

# 4

# 大衆・横軸・プライスアクション

## まとめ

大衆が騙されるポイントは
エントリーのチャンス

「上げは放物線、下げは一直線」の
イメージでチャートを見る

ニュースや介入もどきで
急騰、急落したあとはリバウンドが
起きやすい

一瞬のリバウンドを狙うときは
プライスアクションを頼りにする

日銀会合時のプライスアクションには
日本人の優位性あり

# 5 アノマリーと「攻略」

## ●「裁量」で撃つか「攻略」するか

ここまで「裁量」によるエントリーについて考えてきました。一般に、裁量はその都度、自らの投資判断で売買を行うことを指します。「高値をブレイクしたから上がるだろう」と先行きを予想して取引するのが裁量です。

スキャルピングではもう1つ、**「攻略」**によるエントリーもあります。**攻略は予想や予測の割合が小さくなります**。過去の値動きなどに照らして、高確率でこう動くであろうという〝法則〟に従ってトレードすること、と僕は定義しています。例えていえば、**「裏ワザ」**です。

ゲームに例えると、クリアする方法はいくつもあります。1つは自分が操るキャラクターや敵のボスの動き方、技の出方を研究すること。正攻法です。時間をかけてでも限界までレベルを上げてクリアするという手もあるでしょう。

ただ、クリアする方法は正攻法だけではありません。裏ワザ的な攻略法もあります。一定の条件を満たすと、必殺技が永遠に相手に当たり続けるかもしれないし、特定の地形にいたら相手の攻撃がまったく当たらないかもしれない。あるいはアイテムを無尽蔵に獲得する方法があるかもしれません。バグを利用する方法です。そうした「知ってさえいれば勝てる」攻略法を研究することはＦＸで勝つための近道になり得ます。

多分、皆さんがイメージするＦＸは「上がるか、下がるか」をチャートや値動きから分析してエントリーしていく裁量取引です。実際、それが正攻法です。

僕がやっているのも、正攻法の裁量取引がメインです。そのため、本書でも正攻法を中心に解説しています。

ただ、「攻略」という目線でチャートを見ることも大切です。**特定の条件を満たしたときに、高い確率で起こる値動きがＦＸには存在する**のです。

裁量取引はどうしても収支にブレが生じます。どんなにうまい人であってもボラティリティが小さいと勝ちにくい。また、ボラがあっても相場によっては「やりやすい・やりにくい」があります。

一方、攻略だと一日に大きく稼ぐことはできなくても、安定した収益が得られます。なぜなら、ある法則に基づく値動きのなかで着実に利幅が稼げるからです。一日に取れるのは5銭であっても、**ほぼ確実に取れる5銭は裁量取引の収支のブレを下支えしてく**

**れます**。

では、ＦＸにはどんな攻略法があるのか。

よく知られているのは**「仲値トレード」**です。**仲値は銀行が決めるその日の外国為替取引の基準レート**のことで、**毎朝９時55分に決定される**レートを指します。

この仲値決めの前後は銀行の思惑で動きやすくなるのです。

もし、銀行がその日、多くの米ドル買い注文を受けていたら、銀行には高い値段で米ドルが売れるように「仲値を高く決めたい」と考えるでしょう。仲値となる９時55分のレートを高くできれば、安いうちに仕込んでおいた米ドルを仲値で売って、利ざやが稼げるわけです。

実際に銀行がそんな思惑を持って活発に売買しているのか、あるいはそんな思惑に個人投資家が踊らされているのかはわかりません。しかし、ＦＸライターの高城泰さんの分析によると**９時25分から米ドル／円は上がっていく傾向が顕著に表れる**とのことでした。それであれば９時25分前後からの値動きに注目しながらトレードすればいいということになります。

## ●アノマリーは攻略への第一歩

仲値トレードなど、はっきりした根拠は明かされていないにもかかわらず、特定の日や時期、時間に特定の方向に動いたり、ボラティリティが高まる傾向は、一般に**「アノマリー」**と呼ばれます。

アノマリーはＦＸに限らず投資の世界でよく使われる言葉です。有名なものだと**「５月は株が下がりやすい」とする「セル・イン・メイ」**があります。その根拠を大雑把にいえば、夏季休暇で流動性が低下して不合理な相場変動に巻き込まれないよう、５月から株の買いポジションを整理する投資家が多い、ということのようです。

変わったものだと**「金曜ロードショーでジブリ映画が放送されると米ドル／円が下がりやすい」とする「ジブリの法則」**というアノマリーもあります。これは、毎月第１金曜21時30分（冬時間なら22時30分）にアメリカの雇用統計が発表されることと関係しています。金曜ロードショーでジブリ映画が放送されている最中に最も重要な経済指標である雇用統計が発表され、相場が荒れる傾向にあるため、このアノマリーは広く知られるようになりました。

アノマリーは「理由ははっきりしないが、特定の時間や条件のときに一定方向に動きやすい傾向」です。理由の有無は問いません。日本の相場格言には「節分天井・彼岸底」がありますが、これも単に新春相場の盛り上がりが2月にピークアウトして、3月の彼岸の時期まで下げる傾向を指したアノマリーです。

為替市場だと、**例年11月後半の「感謝祭明けの週は円安になりやすい」**というアノマリーもあります。感謝祭セールでの売り上げ結果が速報され、好調だと米金利が上がるとともに米ドル/円が買われるといった解説もされますが、そうした理由よりも現象こそが重要なのです。

理由はともかくとして、可能性が高い傾向があるならば利用しない手はありません。

そのなかで、FXトレーダーにとって最も身近で、かつ実践で活用されているアノマリーが「仲値」です。

**米ドル/円には9時55分の仲値に向かって上がりやすい傾向があります。なかでも「ゴトー日」の仲値はより上がりやすい**傾向があるとされます（図26）。ゴトー日とは、末尾が「0」か「5」の日（5日、10日、15日、20日、25日、30日）です。企業の貿易決済はゴトー日に集中しやすいため、決済用の米ドル需要の高まりから仲値決めにかけ

## 図26 「9時55分」東京仲値に向けた値動き

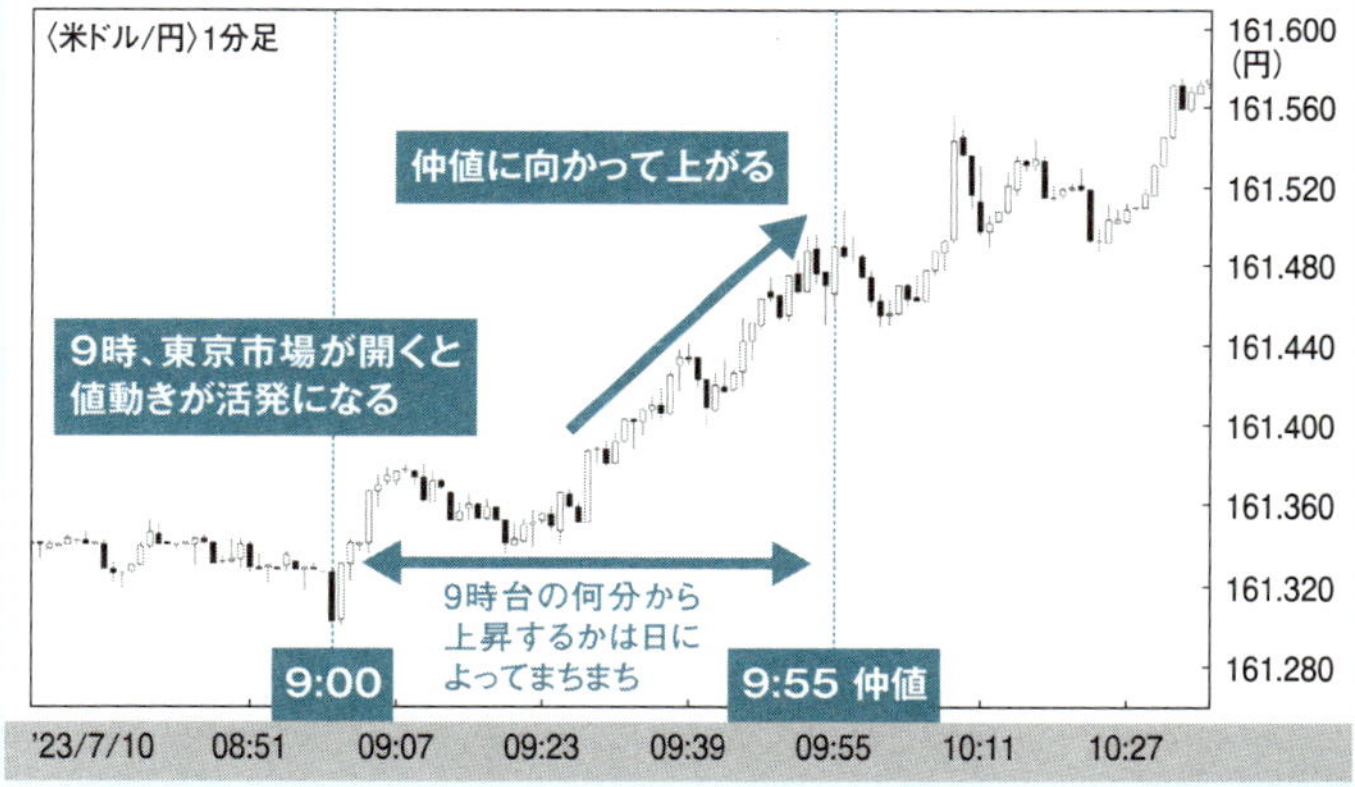


て値上がりする傾向があるのです。

これを利用して**「ゴトー日の9時55分よりも前に買っておき、9時55分になったら決済する」**というのも攻略法の1つです。

仲値に向かう上昇はいつ始まるかわかりませんし、9時55分ではなく52分、53分頃に高値をつけることも少なくありません。「必ず55分が高値」というわけではないため、「仲値に向かって買い」という戦略は臨機応変な対応が必要になります。

もっとわかりやすいのは、**「仲値で上がった」という結果に対して売る**ことです。仲値に向かって上がったとすれば、輸入企業の貿易フローによる特殊な買いで持ち上げられただけだから、仲値を通過すれば下落する可能性が考えられます。

そうであれば「55分に売り」です。本当に上がるのか、いつ上がるのかわからない仲値に向かって買うより、「仲値で上がった」という**事実に対して売るほうが効率的**です。仲値で上がらなければ見送ればいいだけなので、余計なエントリーを回避できます。

仲値に向かって上がるのは米ドルの需要が強い、米ドルが足りていないということなので「ドル不足」と言われたりもします。

反対に円の需要が強い日もあります。「ドル余剰」です。ドル余剰だと米ドル/円は仲値に向かって下落します。このときは仲値通過で買い戻されることになるため、「55分に買い」です。その日がドル不足なのか、ドル余剰なのかを判断するのは難しく、プライスアクションやチャートを見ながらの判断になります。

## ●年末最終週のイッツー

為替市場では**「一定期間だけ有効なアノマリー」**が観測されることが多々あります。

特定の時間に、特定の通貨ペアで、特定の方向に動きやすい、あるいは方向はともかくボラティリティが出やすいといった傾向が出ることも珍しくありません。

**僕が使っているものだと、「年末最終週の仲値は異常なイッツー（一方通行）が出やすい」というのがあります。**

「イッツー」は**1分足で同じ色の足が5本、10本と連続して続く相場**です。

年末最終週は貿易決済が集中するのか、正月分の決済需要が前倒しで発生するのか、理由はともかくとして、仲値で取引されるサイズ、量が大きくなりやすいようで9時台にイッツーが出やすい傾向にあります（図27）。

「そろそろ反転するだろう」と安易に逆張りすると大きな損失に繋がりますが、うまく乗れば1トレードで大きな利益を狙えます。

あくまで傾向であるため、年末でも仲値に向かって下がることもありますし、上がりも下がりもせず、小さな値幅でのレンジ相場が続くこともあります。

いずれにせよ、一般的に9時から仲値に向けてボラティリティが高まりやすいとされますが、年末にはそれがとりわけ顕著に表れ、なおかつ同じ方向に伸びやすい傾向があ

## 図27　年末最終週に発生しやすいイッツー

ります。

年末のイッツーの傾向を知っていれば「いつもより長く持とう」と考えたり、逆張りを控えたりすることができます。

年末年始だけでなく、**感謝祭などのアメリカの休日、日本のお盆、3日分のスワップがもらえる木曜日のロールオーバー（朝6時、冬時間7時）、スワップが6日分などに増える年末やゴールデンウィークなどはアノマリーが出やすくなる**ため、「昨年、一昨年はどうだったろう」と振り返ってみたりするのも有効です。

FXの教科書には「6時をすぎた瞬間、金利（スワップ）分だけ為替レートが下がる」と書いてあるのですが、実際にはそうならないこともあります。ぜひ自分で検証しながら、有効なアノマリーを見つけてください。

こうした早朝の値動きを得意とする**ポンタポンコさん**（@pontaponkofx）というトレーダーがいます。その取引スタイルは極めて特殊で取引時間は朝4時から10時までという朝専門のトレーダーです。

なぜ、早朝を専門とするか？

早朝は経済指標の発表がなく、突発的なニュースが入ってくることも稀です。そのため、ここで説明したような特殊なアノマリーが出やすいと言います。

ポンタポンコさんはそんな取引スタイルで9億円ほどの利益をあげているのです。

## ●攻略を意識したチャート監視

実際、チャートを注意して見ていると、こうした攻略法をいくつも見つけることができます。

為替市場には**「ロンドンの仲値決め」**ともいえる**「ロンドンフィックス」**もあります。

「ロンフィク」「ロンドンフィキシング」とも呼ばれることもありますが、東京市場9時55分の仲値と同じように、その日、ロンドンの金融機関が為替取引を行うときの基準レートを意味します。

そのため、ロンフィクに向かって一方通行の値動きとなったり、反対にロンフィクの**24時（冬時間25時）**を通過した途端に逆行したり、といった傾向が出ることがあります。時に**月末最終営業日のロンフィクでは、30分～1時間くらい前から大きな流れができやすい**ため注意が必要です（図28）。

「特定の時間にまとまった買い・売りが入る」といった傾向が一定期間続くこともあります。「今週は月曜も火曜も水曜も11時に上がった」といった傾向があれば「今日も11時に上がるのでは」と身構えておきます。そうした傾向を探すよう、意識しておくことが大切です。

傾向が出やすいのが**東京、ロンドン、ニューヨークの各市場のオープン時**です。**東京ならば朝9時、欧州だと夕方16時（冬時間17時）、ニューヨークは21時30分（同22時30分）を過ぎた瞬間、値動きが急に活発になります**（図29）。この時間を毎日見ていると

## 図28 月末ロンフィクのトレードチャンス

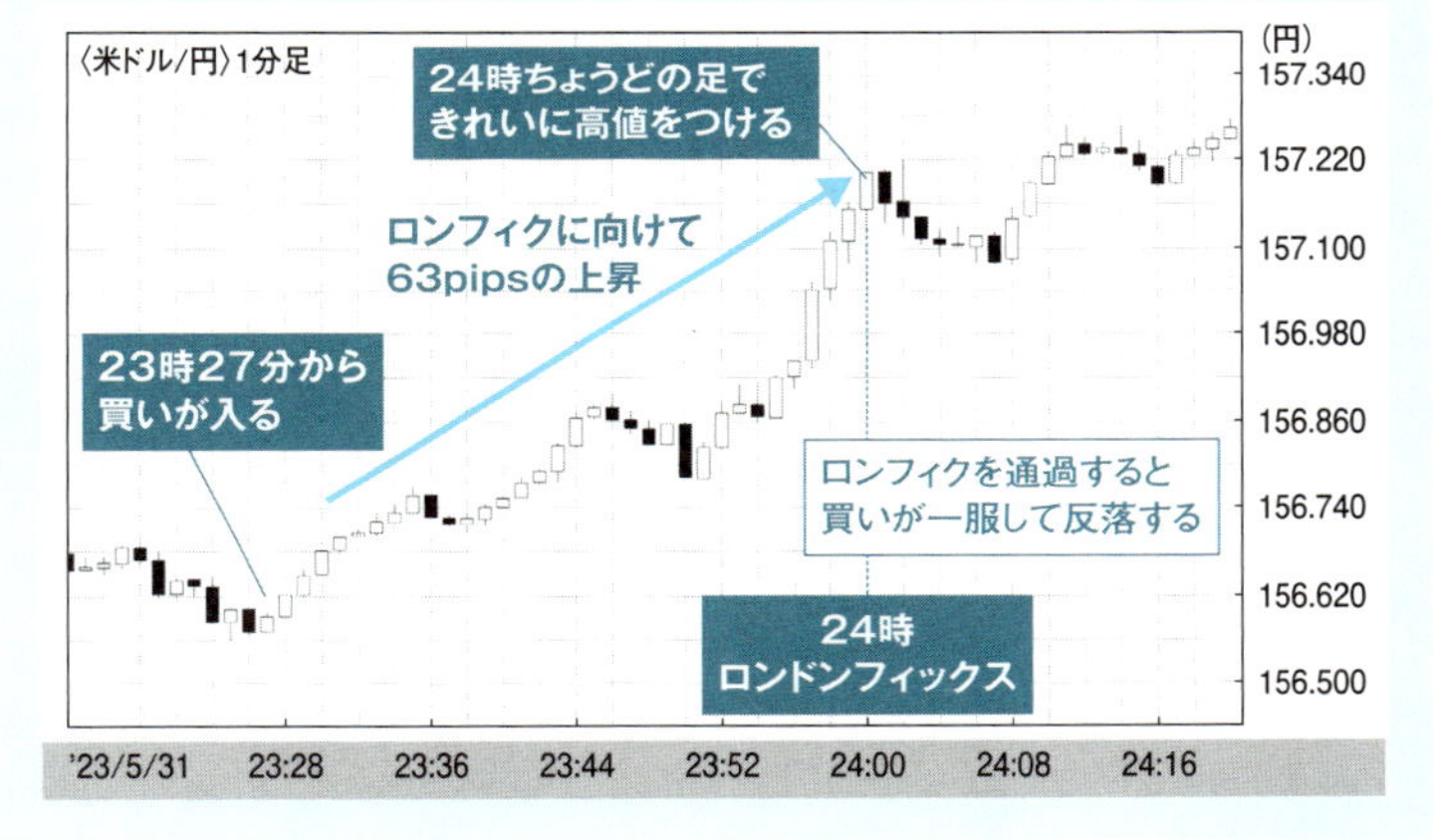


「今週は欧州オープンとともに上にいきやすい」「昨日も今日もニューヨーク開始で売られた」といったような傾向が見つかることがあります。

曜日、日にち、年末年始、休日といった時間的な要因から攻略法が見つかることもあれば、株式市場をはじめとする他市場との関係から見つかることもあります。あるいは経済指標や要人発言を研究すれば見えてくるものがあるかもしれません。

特定のプレイヤーが決まった時間に売買しているせいかもしれませんし、偶然かもしれません。でも、理由はあまり関係なく、3日間くらい同じ傾向が続いたら「今日も同じだろう」とアノマリーに従ってトレードしてみてください。それでうまくいくようなら毎日、サルのように同じことを繰り返していきます。

永遠に有効なアノマリーはおそらく存在しませんから、どこかで通用しなくなったり、別のアノマリーに置き換わったりしますが、それまでは「見つけたもん勝ち」でコツコツ利益を積み重ねられるはずです。

こうした傾向は、方向性に限りません。**「値動きはバラバラだがボラティリティが出やすい」というアノマリーも**あります。これも、もちろん利用します。

「ボラティリティが出る可能性が高い」と予測できるなら、動いた方向に飛び乗ればいいだけだからです。

僕はチャートを見ていると「昨日も◯時◯分に動いたな」と自然に頭に入ってきますが、最初のうちはメモを残しておくのがいいと思います。

こうした攻略法を探すのに便利なアプリを1つ紹介しておきます。

個人投資家が作った「FX検証」というiPhone用アプリです。1分足チャートは見られる期間が直近数か月くらいに限られてしまうチャートソフトが多いのですが、このアプリでは「2年前の1月3日」といったように日時を指定して1分足を表示させることができます。

トレード中の「しばらく動かなそう」というときなどに、このアプリで過去の傾向を探してみるのもいいと思います。有料ですが、たった数百円なので投資する価値は大いにあると思います。

## ●毎日決まった時間のトレード

アノマリーを見つけるのに大切なのは「毎日同じ時間にトレードすること」です。「朝か夕方か夜か、空いている時間にトレードする」よりも、「毎朝9時から10時までトレードする」といったように**時間を決めてトレードしたほうが確実にトレードの上達スピードは速くなります**。

「昨日のロンドンフィックス（24時）では直前3分に買われて急騰した」といったことがあれば、単純ではありますが、「今日も同じことが起きるのではないか」と警戒することができます。実際に今日も上がれば翌日も警戒し、「今日は上がらずに急落」となれば「ロンドンフィックス3分前からは急騰・急落に警戒する」というように頭に刻んでおきます。

毎日長い時間トレードしていても、監視する時間帯が不規則だと、こうしたアノマリーを見つけることはできません。時間帯によって変化するボラティリィやティックチャートが動く速さなどにも気づかないでしょう。

特定の時間帯に特化してトレードすることで「東京時間は勝てる」などと自信をつけることも可能になります。ロンドン時間が得意だったら「東京で負けてもロンドンで挽回できるはず」といったようにメンタルを落ち着けやすくもなります。

傾向について1つヒントを出しておくと、**「リバーサルタイム」**と呼ばれる時間があります。**急激に値動きが〝折り返す〟タイミング**があるのです。

その時間帯は決まっているわけではなく、時期によって変わります。2023年後半には、朝9時からの動きが9時30分になると折り返す傾向にありました。9時30分にな

## 図29 FX時間帯別の特徴

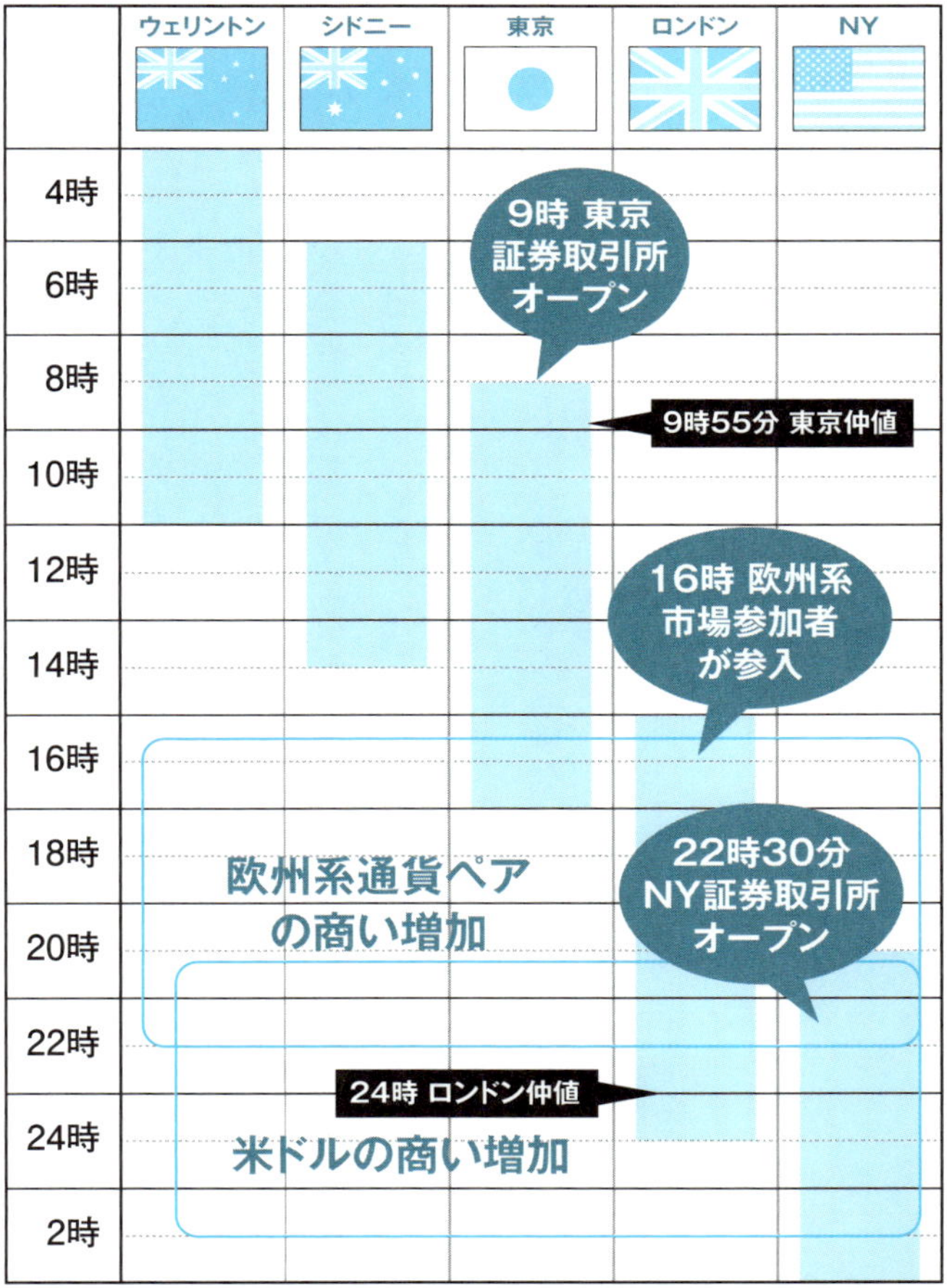


※夏時間で各市場のコアタイムを表示。冬時間は欧米のオープンが1時間遅くなる

ると仲値に向けた売買が活発化するせいかもしれません。

リバーサルタイムは時期によっても変わるので、いつも9時30分とは限りません。9時45分かもしれないし、折り返さずにイッツーになることだってあります。アノマリーに絶対はないからです。

ただ、「リバーサルタイム」という考え方を頭に入れて朝9時台を見たり、ニューヨーク市場オープンの15分後や24時ちょうどなど「毎日決まって折り返す時間はないだろうか」と意識してチャートを見ていると、気づきやすくなると思います。


**アノマリーを利用したトレードはチャートの「横軸」にあたる時間をトリガーとした攻略法**です。最初のうちはチャートの縦軸＝為替レートばかりに目が向きがちですが、横軸にもぜひ目を向けてください。


**上級者は必ずといっていいほど、ウインドウの目立つところに時計を常時表示させています**。それだけ時間への意識が高いということです。

横軸を起点として生じる現象にもぜひ注目してください。

# 5

## アノマリーと「攻略」

### まとめ

チャートの「横軸」にアノマリーが潜む。時計を表示させて意識せよ

勝ち方には時間やイベントで発生する規則的な動きを狙う「攻略」も

時間や曜日、定期的なイベントには「攻略」の余地がある

トレードする時間を決めることで相場のクセが見えやすくなる

東京仲値とロンドンフィックスは多くのトレーダーが活用するアノマリー

# 6 勝ち切るための戦い方

## ●大相場はピンチでなくチャンス

僕の過去の話をもう一度させてください。オーバーシュートを狙った逆張りのスキャルピングに光を見いだした僕の資産は順調に増えていきました。

では、小さな資金を大きく増やすのに不可欠な要素は何か？

**資金が増えるごとにロット、すなわち取引量を増やしていくこと**です。投資用語でいえば利益を再投資していく**「複利運用」**でさらに利益を伸ばすことが、億トレーダーへの近道となります。

僕は最初、1万円で取引していました。当時は今よりもFXへの規制が緩かったこともありますが、1万円で取引できるロットはたかが知れています。

逆張りのスキャルピングで得られる利益は多くても5銭。1万通貨での取引なら500円です。**一日10回勝ったとしても5000円。このペースで億に到達するには2万日、77年近くかかる計算です**。

**でも、利益が増えるごとに取引量を増やしていくと、その期間が驚異的に縮小され、99日目で億に到達します**。非現実的な仮定にすぎませんが、小さな資金を大きく増やす

**図30 複利運用と通常運用の差**

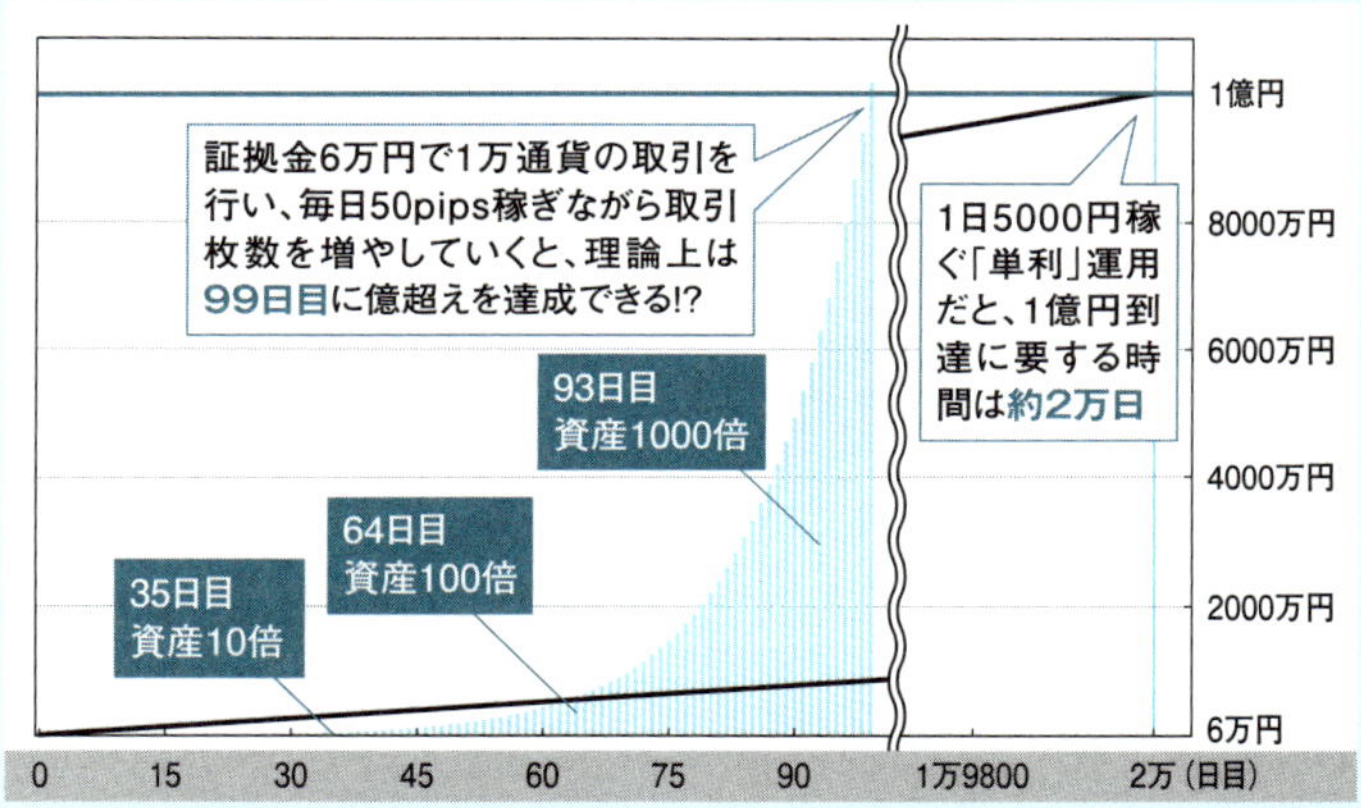


には「ロットをいかに素早く上げていくか」という考え方が欠かせません。

そのためには利益を再投資するとともに、働いて稼いだお金を追加投入していく必要もあります。

僕は資金が増えるごとにロットを高めていき、やがて資産が億へと到達しました。ほぼ「逆張りスキャルピング１本」で、です。

素早く億へと到達できたのは自分の実力だけだとは思っていません。相場の追い風もありました。２０１３年にアベノミクス相場が始まって、ボラティリティが高まるという追い風です。

スキャルピングに限ったことではなく、ＦＸではボラティリティが高いほど稼ぎやすくなります。相場の変動が大きいということは、１回の取引で狙える利幅が大きくなるからです。エントリーしたのと反対方向へ動く際の値幅も大きくなるので、リスクも高まりますが、損切りは自分である程度コントロールできます。

アベノミクスにより為替市場のボラティリティが高まったことは、僕にとってまたとないチャンスでした。

歴史は繰り返すと言いますが、２０２２~２０２３年にも同じことが起きました。米ドル／円が１２０円台から１５０円台へと上昇する相場を経て、僕の生涯収益が15億円を超えたのです。その間、ＦＸを始めて数か月なのに億を稼ぐトレーダーも出てきました。背景にあるのは、やはりボラティリティの高まりです。

アベノミクスと２０２２年の円安相場、この２つの経験は僕にある確信を抱かせました。**ＦＸで人生を一発逆転させるには大相場が必要である**、ということです。

「大相場はチャンス」

これはよく言われることだし、僕もそう思います。でも大相場が「ピンチ」になることもたびたびあります。**大相場ではレートが飛びやすい**、という弊害もあるからです。

米ドル／円を150・20円で買ったとします。普通なら、次に更新されるレートはせいぜい上下1銭の幅に収まります。でも、大相場では次のレートが150・15円だったりします。もしも買いで100万通貨持っていたら、一瞬で5万円の含み損を抱えます。

「少し戻ったところで切ろう」なんて損切りを躊躇しているうちに、さらに10銭下がるというケースもあるでしょう。**異常なボラティリティが投資家の判断を狂わせてしまう**のです。

実際に、2022年の円安ドル高相場では多くの億り人が生まれた一方、「億の資産があったのに溶かしてしまった」という投資家もいました。

「さすがに買われすぎだ」と考えて、米ドル／円を売ったのに、ドル高が止まらない。ナンピン売りを繰り返しつつ、日銀による米ドル売り・円買い介入を祈り続けたが……それでも上がり続けて強制ロスカットを食らう、というパターンです。このようにして大損したスイングトレーダーが数多くいました。

**大相場では判断を間違えると大きな事故になる**し、レートが飛びやすくなるということは運の要素が大きくなります。

そんな弊害はあるものの、それでもやっぱり**「大相場はチャンス」**なのです。

## ●大相場ではバカになれ

では、大相場ではどう立ち回ればいいのか？

一言でいえば**「バカになれ」**です。

FXでは「フィルター」という言葉があります。トレードの精度を高めるための「ふるい落とし」の条件です。

例えば、トレンドフォロー（トレンドに乗る）のトレードをする人のなかには、「サポートラインを下抜けたら売る」という手法を取る人がいます。このとき、「ただし、チャートパターンを形成しなければ様子見」などとつける条件をフィルターと言います。

**「エントリーを見送る条件のルール」**と言い換えていいかもしれません。

**大相場では、こうしたフィルターを甘くするほうが大きく稼げる**のです。普段だったらフィルターをかけながらていねいに判断するところを、見切り発進でもエントリーしてリスクを取る。利益確定もリスクを取って大きめに狙います。これが「バカになる」ということです。

普段は朝9時からのトレードを日課にしていても、大相場のときは何時であってもチャートにへばりつきます。そのために早起きや夜更かしもする。いつ相場が動いてもいいよう、なるべく予定を入れないし、時には予定をキャンセルする。食事だって後回しにして、一日10時間でも12時間でもトレードし続ける。トイレに行く時間すら惜しむ。

なぜなら、**チャートに張りつけば張りつくほど稼げる**から。寝るのももったいない。「この1か月で1年分の利益を稼ぎ切る」くらいの気持ちで、手を緩めず撃っていくし、資金が増えるに従ってロットは増やしていく。**勝っているときならロットを上げやすい**からです。「今勝たへんかったら一生稼ぎどきはない」くらいの気持ちでバカになってください。

**FXの本にはよく「ボラティリティが高いときはロットを落として慎重に」なんて書いてありますが、そんなのは論外です。**

僕の周りの億トレーダーでそんなことをやっている人は一人もいません。チャンスに

## 図31 ジュン氏は大相場を経て生涯収支17億円に

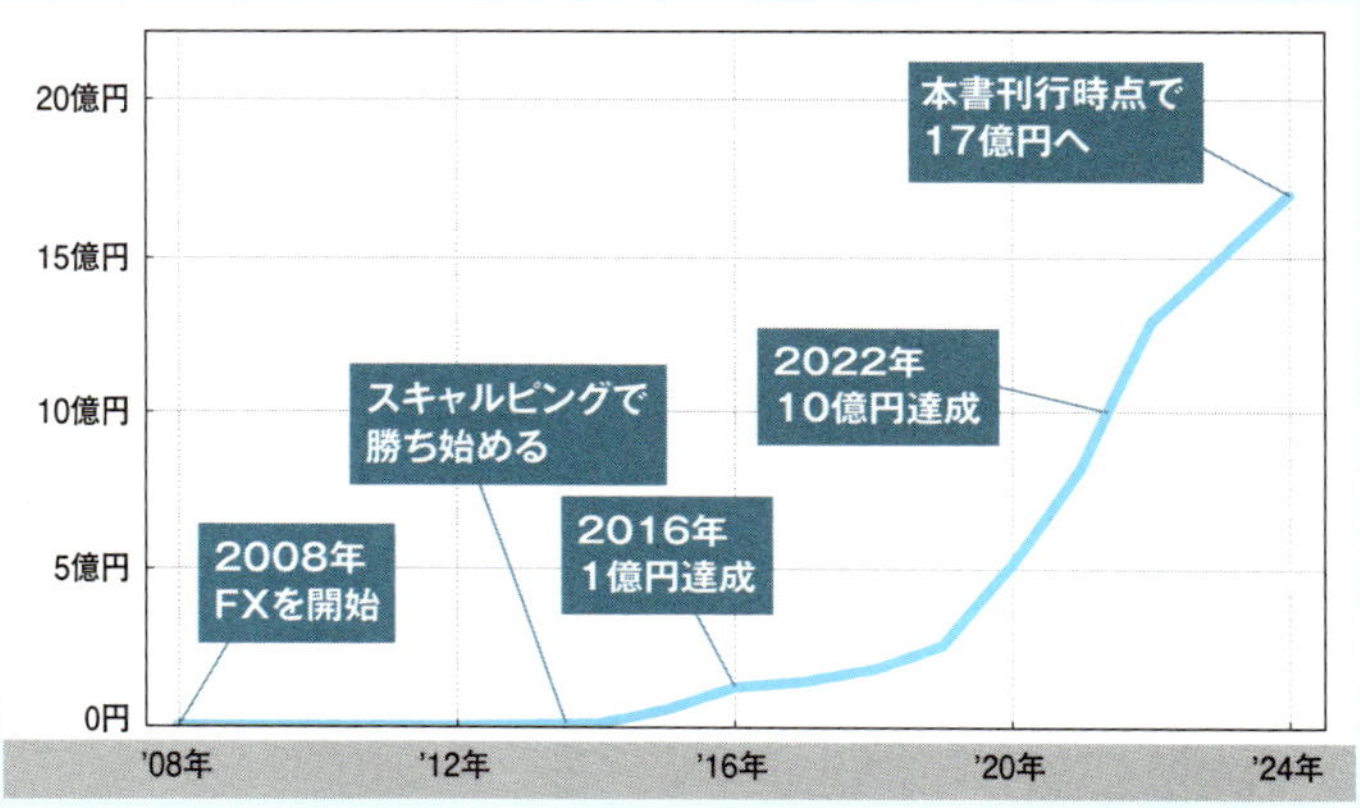


むちゃくちゃな勝ち方をしないと人生で一発逆転なんてありえません。

威勢のいい話を続けましたが、大相場では気をつけないといけないこともあります。

1つが「過信」です。普段よりも一ケタ多く勝てる日が続いた、なんていうと自分の実力が上がったと過信しやすくなります。でも違います。**勝てたのはあなたの実力ではなく、大相場のおかげ**です。

さらに活発な相場が続いている、成績もいい、毎日お金が増えていく——となると「大相場は永遠に続く」という幻想を抱きやすくなります。

２０２２〜２０２３年を思い返してもらえばわかると思いますが、**ボラティリティも波のように高くなったり低くなったりを繰り返します**。ボラが低下しているのに甘いフィルターで撃ちまくっていると損切りの回数が増えてくるはずです。ボラが低下してきたと思ったら、再びフィルターをかけ直す必要があるのです。

再びボラが高まったら、バカになってひたすらフルスイングを続けていく――そうすると大相場が一巡する頃には口座残高の数字が人生で初めて見る桁に変わっているはずです。

## ●まずは相場で生き残れ

大相場を戦うには、前提条件があります。「手法の土台ができていれば」ということです。

勝率の高い手法をしっかりと自分のものにできていること。そして、万が一大きな損失を被っても口座を崩壊させないよう、損切りがしっかりできていることです。

ＦＸで人生を一発逆転させたいあなたが今、やっておくべきことは明快です。

**「大相場がくるまでに手法の土台を築いておく」**ということです。普段から勝率の高いトレード手法を磨き、いつかやってくる大相場に向けて牙を研ぎ続ける。それがFXで人生を一発逆転させるための最短ルートです。

だからこそ今、皆さんに伝えたいのは**「生き残れ」**です。

大相場はいつくるかわかりません。明日かもしれないし、5年後かもしれません。2022年の大相場到来を正確に予言できた人はいませんでした。

これから人生の一発逆転を狙う人がまず心がけるべきは「生き残る」ことです。大相場がくる前に資金が底をついてFXから退場してしまっては意味がない。大相場がきてから慌ててFXを始めても、**手法の土台がなければボラティリティの荒波に翻弄されて溺死する**だけです。

**大相場に備えてFXで生き残り続けること**――それが何よりも大切です。

そして、自分の手法を磨いておくことです。いざ大相場が到来しても、1000通貨単位でしか撃てないのではせっかくのチャンスがムダになってしまいます。

株では資金が一定の額を超えると難易度が上がると言われます。100株で売買しているうちは、自分の売買が株価に与える影響は軽微です。しかし、1万株や10万株といった単位になってくるとそうはいきません。自分の買いが株価をつり上げてしまったり、反対に利益確定のために売ろうとすると株価を押し下げてしまうことがあるためです。そのため資金が大きくなると、「本当は中小型株が得意なのに、出来高の大きな大型株へ主戦場を変えざるをえない」といったケースがあります。

ＦＸだとどうでしょうか。**１０００通貨でも１００万通貨でも、難易度は同じ**です。株式市場に比べて、為替市場ははるかに巨大なので、１００万通貨で買ったからといって為替レートが上がってしまうことはありません。

逆にいえば、月に20円幅も勝てるような手法があるのなら、１万通貨で取引するのではなく、１００万通貨で取引すべきです。たまに「スマホだけで月20万円稼げる！」なんて広告がありますが、「それなら１００万通貨でやればいいのに」と思ってしまいます。月20万円が1万通貨×20円幅での結果だとしたら、１００万通貨で取引することで月２０００万円の利益になります。そうしないということは、ウソを言ってるんだろうなと思わざるをえません。

１００万通貨でも1万通貨の取引でも、そのためにかかる労力は変わりません。「小さな金額なら簡単に稼げる」というものではないのです。

ＦＸの難易度が1万通貨でも１００万通貨でも変わらないということは、コンスタントにトレード成績がプラスになるような手法を確立したときには、なるべく早く１００万通貨で取引すべき、ということになります。当然、そのほうが利益は大きくなるからです。

スキャルピングを始めたら、まず「期待値がプラスになるような手法を身につけて日々のブレはあっても月ベースではプラスにすること」が最初の目標です。その次には**「早く１００万通貨で撃てるようになること」が目標**となります。

ただし、取引量が増えるごとにメンタルの負荷が高まります。10万通貨なら米ドル／円の取引における1銭の損益は１０００円です。10銭逆行しても1万円なので、そこまで大きな痛手ではありません。ところが、１００万通貨での10銭は10万円になります。給料の半分が数秒でなくなった……なんて考えると、焦りや恐怖、後悔など、さまざまな負の感情に頭の中が支配されます。

こうした**プレッシャーを乗り越えて、取引量を１００万通貨へ**と持っていってください。そのタイミングで大相場に巡り合えれば、資金を一気に増やすことができます。

## ●ポーカーに見えたFXのヒント

少し視点を変えてスキャルピングの勝ち方を考えてみたいと思います。

僕が勝てなかった時期、一緒に切磋琢磨していたツレはパチンコでいつも勝っていました。パチンコだけではありません。仲間内で賭け事をしても、いつだって勝つのはそいつ。あらゆる勝負事、ギャンブルに強いヤツでした。

なぜ、そいつばかり勝つのか――。

それで始めたのがツレのやっていたポーカーの研究です。まずはポーカーで勝てるようになろうと、インターネットで知り合った猛者に頼み込んで教わるようになりました。一緒にポーカーをしたとき、驚かされたのが座るまでの時間の長さでした。あちこちのテーブルをうろうろしてなかなか座ろうとしない。

参加者がチップを出し渋っているようなケチなテーブルはスルーして、高額のチップを出し合っている〝お祭りテーブル〟もスルーする。結果、腰を落ち着けたのは適度なチップを出し合っているテーブルでした。

その人が教えてくれたのは、こんな言葉でした。

**「テーブル選びの時点で勝負は始まってるんやで」**

今思えば、これはＦＸにも通じる考え方です。

為替市場は24時間動いていますが、時間帯によって参加者のメンツは入れ替わります。**朝９時から夕方５時くらいまでは東京市場の時間なので日本人やシンガポール人が主要な参加者です。夕方以降はロンドン市場がオープンして欧州勢が入ってくるし、夜21時頃からはアメリカ人が入ってきて、活気が増してきます**。東京市場の時間帯は活気がないとまでは言いませんが、欧米勢が入る時間帯に比べると相場の変動は小さくなりがちです。

また、クリスマスなど欧米市場が休みの日は一日を通して参加者が激減し、値動きはなおさら小さくなる傾向があります。

値動きが小さくなりやすい欧米の休日や深夜、早朝などの時間帯にトレードすることは、チップを出し渋るプレイヤーばかりのテーブルに座るようなものです。勝てないとは言いませんが、通常とは違った手法なり考え方が必要となります。

**FXで大切なのはいつ、どんな時間にトレードするか、です**。値動きが小さな時間帯を選んでしまったら、その時点で敗色濃厚です。反対に値動きが荒すぎる時間帯は大きな値幅を狙えますが、その分、大きな損失を被るリスクも高くなります。

ポーカーはテーブル選びの時点で勝負が始まっている——これはFXにも通じる大きな気づきでした。

## ●「誰がカモかわからなければ自分がカモだ」

僕にポーカーを指南してくれた人の話に戻します。

テーブルが決まっても、すぐには座らせてもらえませんでした。座ったら座ったで、またも耳打ちしてくるんです。

「向かいのヤツがレイズしてきて自分の隣がコールしたら、リレイズしろ」

レイズとは自分の前のプレイヤーがベットしたチップ額を上回るベットをする行為です。リレイズはそのレイズに対して、さらにレイズする行為。プレイを続けるのに必要なチップ額をつり上げて、ほかのプレイヤーにプレッシャーをかけるわけです。

その耳打ちのとおりにやると、本当に勝てた。魔法にでもかけられたような気持ちでした。

なぜ勝てたのか？　あとから師匠は「隣のヤツが明らかにカモだった」と解説してくれました。つまり、向かいのヤツはカモを狙ってレイズしてきただけなので、リレイズすることで大きなプレッシャーをかけたうえで、向かいのヤツと隣のカモの両方のチップをかっさらうことができる、という判断だったようです。

## 「ポーカーを始めて30分がすぎても誰がカモかわからなければ、あなたがカモだ」

ポーカーの世界にはこんな格言があります。「オマハの賢人」と言われる著名投資家のウォーレン・バフェットが株主への書簡のなかでこの格言を引用したため、投資の世界でも知られるようになりました。

適切なテーブルに座ることの次に師匠が考えていたのは、「今日は誰をカモにするか」でした。

FXでも、これは同じです。

FXを含めて、相場は基本的に「ゼロサムゲーム」です。ゼロサムゲームとは、一人

の利益が必ず誰かの損失になることを指します。ポーカーでいえば、あなたが勝っても
らうチップは誰かから奪ったもの。ＦＸでも、手数料（スプレッド）を除いて考えれば
あなたの勝ちは誰かの損失です。「誰か」とは、銀行やヘッジファンド、個人投資家な
ど他の市場参加者であり、ＦＸ会社の場合もあるかもしれません。

ポーカーならば、テーブルを注意深く観察することで「誰がカモか」を見抜くことが
できる。ところが、為替市場では、対戦相手一人ひとりの顔を見られるわけではありま
せん。一人ひとりの行動は総体となって値動きに表れるだけです。

そんな為替市場でも「誰がカモか」を見分けることができるのか？

できます。明らかに青息吐息で**「あと一撃でノックアウトされるやろな」というプレイヤーの存在**を感じる場面があります。

**含み損を抱えて、損切り間近な市場参加者がいるとき**です。

買いポジションを持っている人が多く、でも為替レートは安値を割りそうだという場
面を想像してみてください。ＦＸでは多くの投資家が損切りのための注文を入れておき
ます。そうしないと含み損がどこまでも拡大してしまうからです。損切りのための注文
をどこに入れるか、買い手が目安とするのは直近の安値です。逆に、売り手ならば直近

の高値を損切りの目安にすることが多いでしょう。

「この安値を割ってしまったら損切りして戦略を練り直そう」

**多くの人がそう考えて同じ安値に損切りを入れている。その安値まであと数銭に迫っている——。このとき「誰がカモか」は明らかです**。カモは損切りポイントが迫っている買い手です。

市場にはカモが損切りを余儀なくされるように動く傾向があります。多くの損切り注文を約定させることで、相場のボラティリティが上昇するためです。ボラが上がれば値幅が取りやすくなる。そう考えた市場参加者が、買い手の損切りを誘おうと売り注文を増やすシーンが何度もある。そして、このようなシーンではトレードの戦略を練りやすくなります。

ポーカーで「誰がカモか？」を考えてプレイするテーブルを選ぶことはすなわち、**FXで「誰の損切りを狙ってトレードするか」**とイコールになるのです。**「カモ＝損切り」**を誘発したあと、マーケットはどのように動くか？　そう考えながらトレード戦略を練ることが重要なのです。

## ●ポーカーで学んだ「正解は決まっている」

正直、トレードの腕なんて僕もあなたも大きく違うわけじゃない。もし、あなたがズブの素人だったとしても、この本を読み終えた頃には僕と大差ない知識が身についているはずです。ただ、絶対的な違いがあります。それは経験値です。

特に「大損した経験」の違いは大きい。ポーカーで言ったら、ツワモノばかりが座っていてどうあがいても勝てないテーブルがある。そんなテーブルを選んだ時点で「負け確定」です。座る前に「負け確定」テーブルであることが見抜けなくても、数回勝負した時点でどういうテーブルか見抜けないと、ズルズルと損失を膨らませるだけです。

ここは座ったらあかんテーブルや――。

FXでも、誰がどうやっても勝てない相場があります。それに気づいてマウスを握る手を止められるのか、気づかずにいつまでもクリックし続けて負けを重ねていくのか。それによって収益に大きく差が出ます。

僕とあなたの知識が一緒だとしても、負け確定のテーブルに座った経験の多さははるかに僕のほうが多いし、その違いが大きな差に繋がります。

経験は一朝一夕に積めるものではありませんが、トレードを始める前に「今日はテーブルに座るべきかどうか」「誰がカモか」を考えてみてください。ポーカーと違って、FXで〝座れるテーブル〟はごくわずかな通貨ペアに限られますが、**座る時間は自由自在**です。その時間帯のテーブルが渋いようならば**「座らない＝トレードしない」という選択をする**ことで、余計な負けを減らせるはずです。

もう少しだけポーカーの話を続けさせてください。賭け金を引き上げる「レイズ」というアクションについて解説しましたが、いつレイズするのが効果的でしょうか？自分の手札が強いときは当然ですが、ポーカープレイヤーは今、強い手でも逆転される恐れがあるときにレイズをする傾向にあります。賭け金を増やしてプレッシャーをかけることで、相手を降ろすためです。

このレイズをFXに照らしていえば、利益確定のようなものです。レイズをかけた時点で勝負はほぼ決まっています。自分の手札が強いから勝負を決めておこう、あるいは逆転される前に利益を確保しておこう、といったイメージです。

自分のポジションに含み益が乗っていて、いつ利益確定してもいい――そんな状態で、あとは自然な伸びを取りにいく――というイメージでしょうか。

師匠に教わってポーカーを勉強しているうちに、**ポーカーとＦＸには意外にも共通点が多い**ことが見えてきました。ポーカーには勝ち方のパターンがあり、それを踏襲すればいい――。そんなことが見えてくると同時にＦＸでの勝ち方も見えてきました。このように、ポーカーや麻雀の本を読むと、ＦＸの勝ち筋が見えてくることもあります。

ただし、ＦＸはポーカーよりも反省点の洗い出しが難しいです。ポーカーでは、勝負がついてカードを見せ合うことがあります。相手のレイズについていけずに降りた勝負のあと、手札を見て「降りなければ勝っていたのに……」と思うことがあるかもしれません。でも「あのレイズについていくのはリスクが大きすぎる」と判断できたりもするので、正解の行動がわかることがあります。

ところが、ＦＸだとそうもいきません。買いポジションを持っていたのに途中で振り落とされて損切りし、そのあとに上がっていったとします。勝ち方がわからないうちは、この損切りが正しかったのかどうかが判断できません。リスク管理上、仕方のない結果として上がっているのであれば、手法を間違えていた可能性だってあるからです。

## ●「高勝率」のメリットとデメリット

スキャルピングにおいて**「勝率」**は重視すべきでしょうか？

「FXでは勝率なんて関係ない」という意見があります。FXの本にもよくそう書かれていました。コツコツ損切りして勝率が低くなってもドカンと勝てばトータルではお金が残る、という理屈です。

それも真実かもしれませんが、僕自身の経験からすれば全面的に同意できる意見ではありません。**勝率はメンタルに直結する**からです。

小さな金額から始めて勝てるようになってきたら、ロットを上げていく必要があります。ただ、ロットを上げることは言葉で表現するほど簡単なものではありません。

想像してみてください。1万通貨の取引なら5銭動いても500円。日常生活でよく扱う金額です。ところが、50万通貨の取引になると5銭で2万5000円。あなたが普通の会社員だったら、それだけの経費を切るには上司の了承を得なくてはならないでしょう。仮に、4連敗したら10万円となります。

すると、普段なら「もう少し利益を伸ばせる」と考える場面でも早々に利益確定してしまうでしょう。逆に、損切りできた場面で切れなくなる。「もう少し我慢すればプラスに転じるはず」と〝お祈りトレード〟をしてしまう。含み損の数字を突きつけられて冷静さを失い、いつまでも損切りできずにドロ沼へとハマっていき、最後にはドカンと大きな損切りを迫られます。

僕らが最も恐れる**「メンタル崩壊」からの「ドカン」**です。

メンタル崩壊はＦＸを続けていれば誰もが一度は通る道ですが、**「勝率の高い手法で勝負する」ことでリスクを減らすことができます**。

高い勝率を維持できれば、トレードが狂うリスクを減らせます。お祈りトレードをしなくなるためです。

また、一度大きく負けても熱くならずに**「次は勝てる」とメンタルを維持することができます**。勝率という裏づけがあるからです。そして、最も大事なのは、ロットが増えていっても普段どおりの取引を続けられる点にあります。**勝った金額、負けた金額に振り回されず、勝率でトレードを考えるようになるからです**。

やっと勝てるようになった僕が最初に光を見いだした逆張りのスキャルピングは、まさにこの条件に当てはまる手法でした。

「高い勝率はメンタル崩壊への防波堤になってくれる」というのが僕の実感です。

スキャルパーの勝率は人によってまちまちですが、**おおよそ40％から60％程度**でしょう。僕のトレード仲間の**HAGEさん**（@HAGEsansan）は70％と話していましたが、これは異常なほどの高さです。

ただ、トレードを効率性の観点から考えると、必ずしも高い勝率は必要ではありません。

ＳＮＳ上には役立つポストをしてくれるトレーダーがいます。**「ふ」さん**（@foolsmoney1）もその一人です。ふさんの分析によると**「期待値が一定であれば、勝率の高いほうが資産のブレは大きくなる」**そうです。やや専門的になりますが、期待値という考え方はトレードにおいて重要なので、説明しておきます。

**期待値は「トレードの総利益÷トレード回数」**で計算できます。1トレード100万通貨で100回トレードし、50万円儲かったなら、1トレードあたりの期待値は5000円（50万円÷100回）です。ｐｉｐｓに換算すると0・5銭（5000円÷100万通貨×100回）です。

**図32 勝率とペイオフレシオの関係**

**勝率＝勝ちトレード数÷総トレード数**
**ペイオフレシオ＝平均利益÷平均損失**

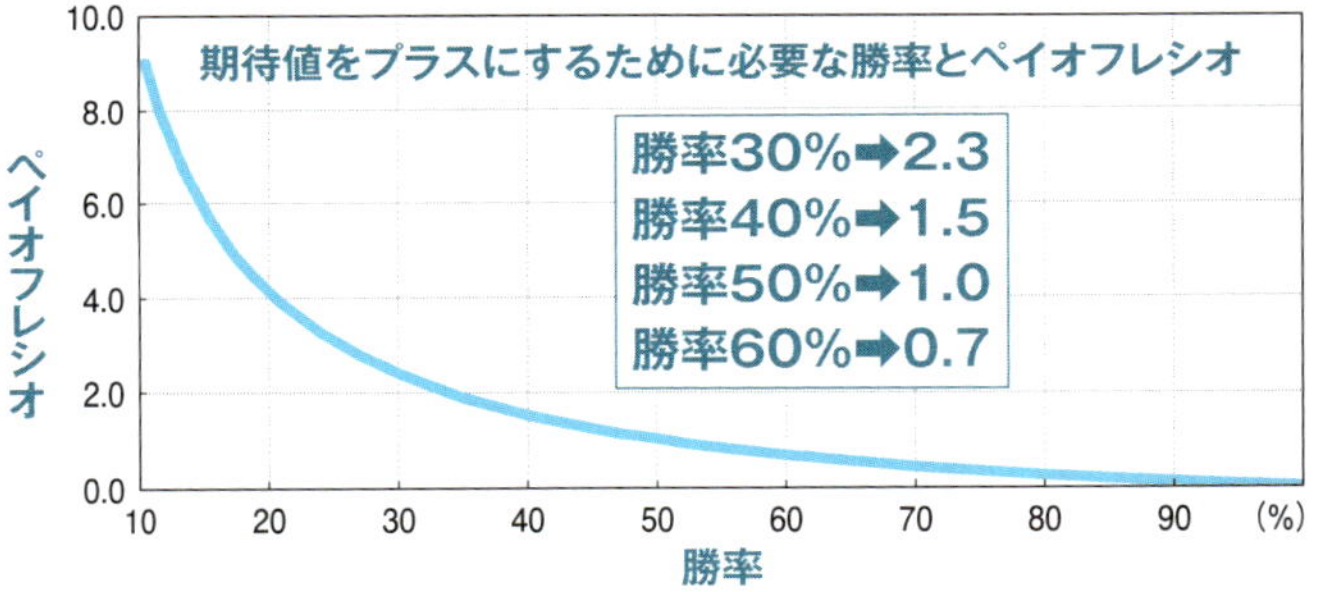


僕らスキャルパーがよく使うトレード指標は勝率と**ペイオフレシオ**です。それぞれ次のように計算されます。

勝率＝勝ち取引数÷総取引回数

**ペイオフレシオ＝平均利益÷平均損失**

勝率は説明するまでもないですが、ペイオフレシオもとても大切な指標です。**平均利益と平均損失が同じ幅ならペイオフレシオは1倍**となります。ペイオフレシオが2なら、2の利益に対して損切りは1。平均利幅が2銭の人だと平均損切り幅は1銭ということになります。スキャルパーにもいろんなタイプの人がいますが、ナンピンを多用するなどの特殊なスタイルでない限り、ペイオフレシオは1・5倍から2倍の間でしょうか。

**勝率とペイオフレシオは密接な関係**にあります（図32）。**「勝率を高めようとすると、負けたときの損切りが深くなりペイオフレシオが低下する」**「ペイオフレシオを高めようとすると、含み益を伸ばそうとして勝率が低下する」といったように**一方が高まると他方が下がる逆相関の関係**にあります。

第8章で紹介する「はんさん」のようにエクセルを使って勝率とペイオフレシオを自分で計算する人もいますが、ＤＭＭ．ｃｏｍ証券の「取引通信簿」やＧＭＯクリック証券の「ＦＸトレード日記」のように自動で計算してくれるサービスもあります。

ざっくり言うと、**スキャルパーの平均は勝率が50％弱、ペイオフレシオが2倍弱くらい**の人が多いと思います。このとき、期待値がいくらになるか。

実は勝率とペイオフレシオから期待値を計算することができます。

**期待値＝（勝率×平均利益）－〈（1－勝率）×平均損失〉**

勝率50％、ペイオフレシオ2倍なら期待値は0・5銭となります。勝率50％、ペイオフレシオ1・1倍だと期待値は0・05銭となり、勝率かペイオフレシオがもう少し悪化すると期待値がマイナスへ突入してしまう、ということになります。

寄り道が長くなりましたが、FXでは勝率とペイオフレシオが大切な指標なので長めに説明させてもらいました。

あらためて「期待値が一定であれば、勝率の高いほうが資産のブレは大きくなる」という、ふさんの分析結果を考えてみましょう。

勝率とペイオフレシオで期待値が計算できたので、「期待値が一定であれば」ということは「勝率を高めたらペイオフレシオを下げる」といったようにパラメーターを調整して分析したことになります。スキャルピングの期待値はおおよそ1銭弱なので、「期待値が一定であれば」という前提は現実に即しています。

例えば、次の3つのような手法をイメージすると、ふさんの分析がわかりやすくなるかもしれません。

①コツコツ勝つものの負けるときは大きい「高勝率手法」（低ペイオフレシオ手法）
②コツコツ損切りしながらもドカンと勝つ「低勝率手法」（高ペイオフレシオ手法）
③２つの手法の「バランス型」

ふさんの分析結果は、**「期待値が一定であれば、勝率の高いほうが資産のブレは大きくなる」**というものでした。つまり①のように、勝率は高いがペイオフレシオは低い手法だと資産のブレが大きくなりやすいのです。

①の手法は一度の負けが大きいため、確率のブレで連敗すると、大負けが続いて資産の凹みが想像以上に大きくなる可能性がある、ということです。

勝率の高さはメンタルの安定に繋がり、ドカンを起こしにくくなると考えていましたが、可能性は低いながらも**勝率の高さが資産の大きな凹みをもたらすこともある**という点には注意が必要です。

メンタル崩壊を招かない程度の勝率の高さは必要ですが、かといって勝率ばかりを追い求めると、ペイオフレシオが悪化して連敗したときには退場のリスクをはらむ。その点を考慮しながら、自身に最適な勝率を分析するといいでしょう。

# 6

## 勝ち切るための戦い方

### まとめ

**大相場はチャンス。
稼ぎどきと考えてフィルターを緩める**

**大相場は必ずくる。
それまでに勝つための土台を築く**

**「期待値が+」の手法を身につけ、
月ベースのプラスを目指す**

**FXの難易度は1万通貨でも
100万通貨の取引でも変わらない**

**「誰がカモかわからなければ
自分がカモだ」と認識せよ**

# 7 スキャルピング前の準備

## ●「不利なこと」をしない

「スマホで勝てますか？」→勝てるわけないやろ！
「スプレッドは気にしなくていいですか？」→めっちゃ気にするわ！
「飲みながらトレードしちゃいました」→二度とやんな！

**FXで勝つのはしんどい**。本当にしんどいです。僕のようにキャリアがあって、それなりの実績を出しているトレーダーでもラクに稼げるわけじゃない。ましてや初心者がラクに稼げるはずがない。

ところが、少しでもラクに稼ごうとする人がたくさんいます。

「一日10分で1万円！」みたいな宣伝をよく見かけますが、そんなのは100％ウソ。
本当にそんなことができるんだったらとっくにみんながやっています。僕らのように血眼になってチャンスを探し、酸いも甘いも経験して、取引環境を整えていても「一日1000万円の損失！」「1分で100万円マイナス！」というときがあります。「スマホ1台で月20万円」なんてあるわけがない。

考えてみてください。僕らは4枚も5枚もモニターを並べて複数のチャートを見てX（旧ツイッター）やFX会社の情報ツールでニュースをチェックしながらトレードしています。

チャートの監視、ニュースのチェック、発注——。これらをスマホ1つで同時にできますか？

スマホアプリが進化しているのでチャートを見ながら発注するくらいはできます。でもニュースは確認できないし、米ドル／円に影響を与えることがあるユーロ／米ドルの値動きや米国の長期金利の推移は見られません。

**スマホだけで勝とうとするのは「自分を不利な環境に追い込む行為」**なんです。

僕らのようなトレード環境を整えるのに50万円だ、100万円だってかかるわけじゃない。15万円もあれば立派なトレード環境が構築できます。

FXで人生を変えようとしているならば、そのくらいは必要経費だと割り切って投資していいと思います。

「決められた時間に必ずトレードする」「スプレッドが狭いFX口座でトレードする」

「スマホで適当にトレードしない」といったことは誰でもできることです。

経験値を積んだ上級者でも手を抜かずにやっているのに、なぜ初心者が手を抜こうとするのか？　なぜ、わざわざ自分を不利な環境に追い込むのか？

そう考えたら「飲みながら」「遊びながら」「移動しながら」の「ながら」トレードなんてありえへん！って僕が言うのもわかってもらえると思います。

FXでは僕もあなたも銀行のディーラーもヘッジファンドも同じ市場で戦います。初心者のあなたが戦わないといけないのは、情報も取引環境もガチガチに武装したプロです。

プロと同じ装備を整えろとまでは言わないですが、「手を抜かない」「あえて自分が不利になるようなことをしない」というのは、あなたが心がけるべき鉄則です。

## ●FX口座選びに手を抜かない

手抜きせず、有利な環境に身を置くためにやるべきことは何か？　ここからはスキャルピングを始める人の準備について考えていきます。

まず、必ず考えないといけないのが**「FX口座選び」**です。FX口座によってスプレッドや約定力が大きく異なるため、その**選択が収益に直結します**。

僕が取材を受けるときの定番が「勝てるようになったきっかけは？」という質問です。1つの出来事によって突然勝てるようになるわけではなく、日々の積み重ねで勝てるようになっていったというほうが正しいでしょう。それでもあえて1つ挙げるとすれば、スプレッドが狭まったこと。この影響は大きかったと思います。

僕が実家でもがいていた頃、FXのスプレッドは1銭程度が普通でした。ところが2011年頃から0・5銭、0・4銭へと急激に狭まっていき、アベノミクス相場が始まった頃には0・3銭へと猛スピードで狭まりました。FX会社の競争が激しくなったことが理由です。

スプレッドが狭まれば、広いスプレッドでは入れなかったようなポイントでもエントリーできるようになり、チャンスが増えることになります。

今は多くのFX会社でスプレッドは「0・2銭原則固定（例外あり）」となっていて、ほぼ横並びです。だからといって**「0・2銭原則固定なら、どの口座でも同じ」と考え**

**るのは完全に間違っています**。

「FX口座　オススメ」で検索するとFX口座の比較ランキングが出てきます。その多くに僕らのようなスキャルピングトレーダーの目線は入っていません。FX会社のホームページに記載されたスペックを比べているだけです。ランキングと言いつつ、アフィリエイト報酬の高い順に並べているだけ、というケースもあります。

**スキャルピングで重要なのは「いかにスプレッドが広がらないか」と「約定力」です。**

約定力とは、クリックしたときに約定してくれる〝力〟を指す造語で、注文どおりのポジションが瞬時に立てられるかどうかを示す指標と考えればいいでしょう。

「クリックしたら即約定するのでは？」と思う人が大半かもしれませんが、実際にはそうではありません。米ドル／円のスプレッドが0・3銭レベルへと一気に縮まったとき、その先駆けとなった某FX会社では発注ボタンをクリックしてから2秒ほど待たされ、やっと約定しました。僕らスキャルパーにとって2秒の約定スピードはナメクジ並みの遅さです。2秒後に決済していても不思議ではないからです。それに加えて狙ったレートより不利なレートで約定させられることも少なくありませんでした。

当時はそうした感覚が普通でしたが、あるとき別の会社でクリックすると即約定し、

「神業者！」と驚きました。これなら勝てるかもしれない、と。

約定力の違いとは、狙ったレートで約定してくれるかどうかです。自分ではたしかに150円ちょうどで買ったつもりなのに、約定したレートは150・02円だったといったことは頻繁に起きます。**「スリッページ」**と呼ばれる現象です。文字どおり、**レートが滑りやすいFX業者もある**のです。

為替市場がずっと150円付近で揉み合っているようなレンジ相場ではスリッページは起きないのですが、149・95円から急に伸びてきて150円を超えた、といったような値動きが勢いづいている瞬間だとスリッページが多発します。

僕らのようなスキャルピングを生業としているトレーダーが狙うのは、為替市場が動く場面のため、特にスリッページが起きやすくなります。スプレッドが0・1銭広がったり狭まったりするだけで収支に大きく影響するので、スリッページが致命傷になりかねません。

約定力が高いかどうかは使ってみないとわかりませんし、取引量によって約定力が変わってくることもあります。どのFX会社がいいか、最初は迷うと思います。そんなときはＳＮＳを見てください。取引履歴をアップしている勝ち組トレーダーがいるはずです。取引履歴の画面を見れば、どのＦＸ会社を使っているかが推測できます。

その人と同じＦＸ会社で始めてみてください。２０２４年時点ではＤＭＭ．ｃｏｍ証券とＧＭＯクリック証券が、スキャルパーが愛用するＦＸ会社の二強でした。ただ、**どのＦＸ口座がいいかは時期に応じて変わる**ので注意が必要です。

## ●使用口座から推測するトレーダーの真偽

「あの人、どの業者使ってるんやろ」と本物のトレーダーが使っているＦＸ口座を気にするようになると、「自称・勝ち組」がよく使うＦＸ口座の真実に気づくはずです。その最たる例が海外のＦＸ口座です。

金融庁の認可を受けていない海外ＦＸ業者も、なぜか日本では人気があります。日本のＦＸ会社よりも高い、１０００倍以上のレバレッジをかけて取引できることが人気の理由になっているようですが、そんな〝ハイレバ〟に踊らされるような投資家は絶対に勝てません。

先ほども紹介した、ふさんの分析によると**レバレッジが高いほど、元本割れのリスクも高まります**。勝率50％で期待値がプラスのトレードを繰り返していたとしても連敗することはあります。そのときにレバレッジが高すぎると、利益をすべて吹き飛ばしてしまい、退場に追い込まれる可能性が高くなるのです。

資産を飛ばす前に「勝ち逃げ」できればいいのですが、資金が大きく増えているときに「ここまでで十分だ」と撤退するのは難しいものです。

では、どのくらいのレバレッジが適切なのか。それを数字で示すのは難しいのですが、少なくとも**日本のＦＸの最大レバレッジ25倍は十分な倍率**だと思います。

「少ない資金をハイレバで回して大きく増やしたい」という気持ちはわかりますし、実際にそれを実現した人もいるでしょう。でも、その数少ない成功例の裏には、無数の屍が転がっていることも事実です。

**海外ＦＸ業者だと、いくらハイレバで取引できてもスプレッドが１銭程度と広く、約定力は日本のＦＸ会社と比べて大きく劣ります**。あまつさえ「勝ったのに出金できない」という最大のリスクが存在します。

国内ＦＸ会社のレバ25倍は人生を変えるのに十分です。わざわざ出金拒否のリスクがある**海外FXを利用しないことも、「不利なことをしない」の1つ**です。

チャートを研究する、自分の取引データを分析する、経済指標と値動きの関係を掘り下げる――それもたしかに大切ですが、結果、利益に繋がる保証はありません。

**より利益に繋がりやすいのは、「不利なことをしない」です**。それは仕事でも同じで、専門分野の知識も大切ですが、「時間と約束を守る」「身だしなみを整える」みたいな当たり前のことができていることが前提です。

「最低限やらなあかんこと」ができていないのに、「どうしたら勝てますか？」って聞いてくるのは順番が違います。「まず、毎日風呂入れや」って、そんなことから言われるのと同じです。

## ●スキャルピング用のチャートを選ぶ

トレードには大きく分けて2つの要素があると思っています。

1つは「誰でも努力すればどうにかなる部分」。もう1つは「経験やセンスが問われる部分」です。

「努力でどうにかなる部分」とは、具体的にいえば**環境づくり**です。その1つがチャート選び。FX口座とチャートをセットで考える必要はありません。使いやすいチャート、よりトレードで有利に働くチャートを見ながら、より有利なスプレッドや約定力を提供してくれるFX口座で発注する――これは、誰もが努力で達成できる要素です。

FXの主要なチャートは次の3つに集約されると思います。

- FX会社のアプリで見られるチャート
- TradingView（トレーディングビュー）
- MetaTrader4（MT4）／MetaTrader5（MT5）

FX会社のチャートだと、表示されるレートはその会社が独自に生成したものです。詳しい仕組みはともかくとして、極端な話、「チャートに表示された安値がその会社だけがつけたレートだった」という可能性もゼロではありません。実際、過去にはあるFX会社だけ大幅に安いレートが瞬間的に表示され、個人投資家が異常なレートで損切りさせられるという騒動もありました。

また、ＦＸ会社によってはレートが小刻みにビクビクと揺れることがあります。「揺れ」はその後のボラティリティ上昇を示唆することもあるという点で重要なヒントになることもあるのですが、頻繁に揺れが生じるＦＸ会社を使うことはトレーダーにとって負担でしかありません。判断の邪魔になるからです。こうした不安があるため、ＦＸ会社のチャートは選択肢から除外します。

最近はトレーディングビューを使う人が増えました。為替レートだけでなく株価指数、個別株、コモディティ、仮想通貨などさまざまなアセットのチャートが見られるので非常に便利です。けれど、チャートの更新速度や動作の反応速度という面では、不安があります。ＦＸ会社のレート更新と比較して、トレーディングビューがそのレートを反映するまでに若干のタイムラグがあるのです。これでは、スキャルピングには不向きと言わざるを得ません。

ＦＸ会社のチャートもトレーディングビューも排除すると、残るのは**MT4／MT5**です。僕が見ているのも、これです。

**MT4／MT5は高度なチャート分析機能を有した取引プラットフォームであり、世**

## ジュン氏が見ているトレード画面

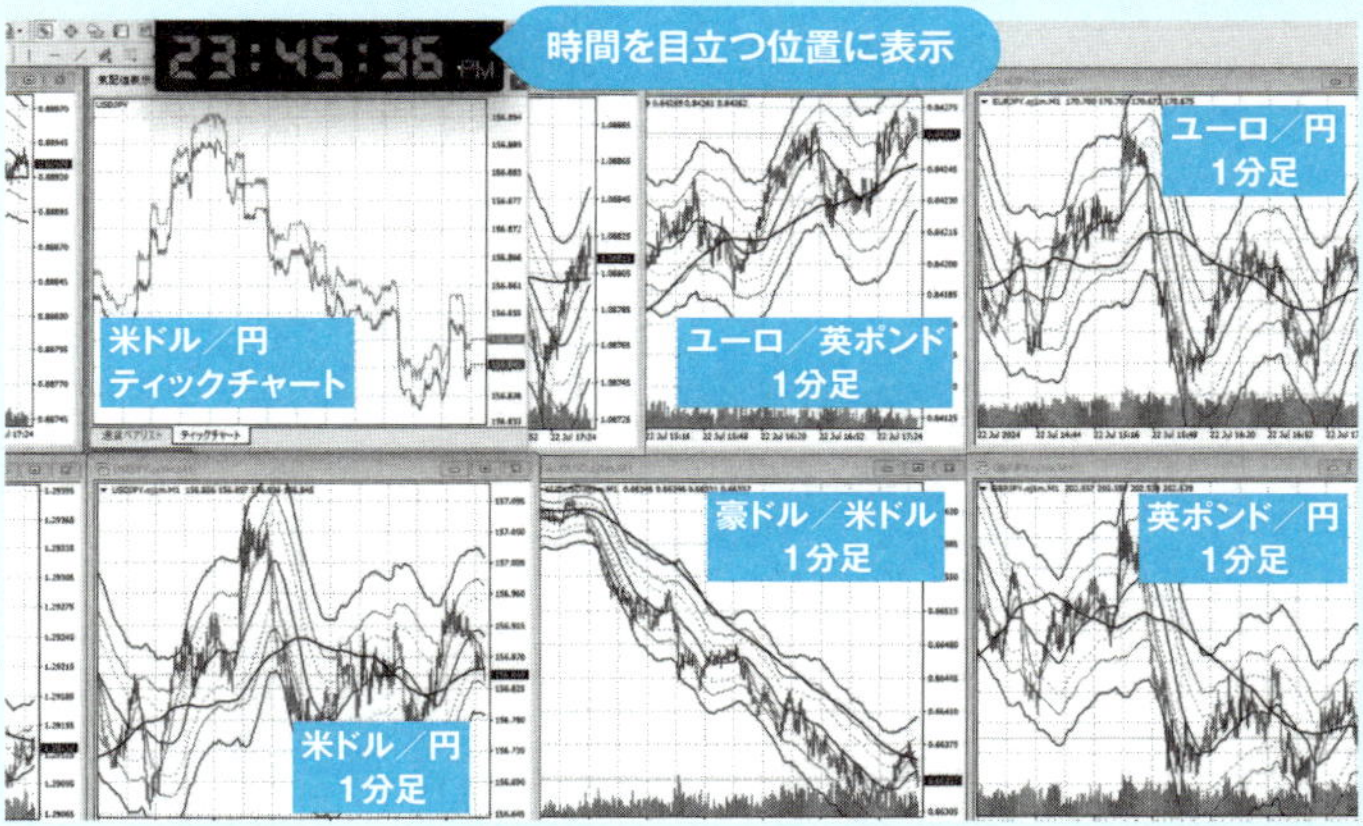


**界中のさまざまなＦＸ会社が採用しています**。そのため「どのＦＸ会社のＭＴ４／ＭＴ５を見るか」で、表示されるレートや更新速度が変わってきます。

僕が見比べたのは、この部分です。いろんなＦＸ会社のＭＴ４を並べて、どこのレート更新が早いのかを比較しました。

その結果、行き着いたのがＦＸＣＭでした。グローバルの大手ＦＸ会社です。ここの特徴は、ＦＸ会社にとっての「仕入れ先」にあたるインターバンク市場のレートをそのまま表示してくれている点にあります。

ＦＸ会社はインターバンク市場において、さまざまな金融機関が提示している為替レートを見ながら、個人投資家に米ドル／円などの「Ａｓｋ（買値）」と「Ｂｉｄ（売値）」を配信しています。投資家から米ドル／円の買い注文が入ると、ＦＸ会社はインターバンク市場で米ドル／円を同じように買う。こうして投資家と同じポジションを持つようにして相場変動リスクを抑えているので、インターバンク市場が仕入れ先と言えるのです。

つまり、ＦＸＣＭが提示するレートは加工されていない「生の為替レート」です。だから最も信頼性が高く、かつレートの表示も早いという特徴がありました。

ただ、残念ながらＦＸＣＭは２０１５年１月に起きた「スイスショック」により潰れてしまいました。スイスショックとは、スイス中銀がそれまで維持していた「ユーロ／スイスフランが１・２０を下回らないよう、買いで介入する」という方針を突如撤廃したことにより起きた大暴落でした。このあおりを受けてＦＸＣＭがなくなってしまったため、今、僕が見ているのは別の会社のＭＴ４です。

どのチャートがスキャルピングするのに適しているのか？　皆さんで複数のＭＴ４／ＭＴ５を見比べて、どの会社のレート更新が早いのかを見つけてほしいです。

僕が見ているチャートを明かしておくと、海外発ながら日本でも近年、金融商品取引法に基づく登録を受けている**「ＯＡＮＤＡ」（オアンダ）**のものになります。この**オアンダのＭＴ５にデジタル時計のアプリを入れて、チャート分析に利用しています**。スキャルピングトレーダーにとっては、時間がきわめて大切だからです。値動きだけでなく、時間もすぐに確認できるようにしておくと、決まった時間帯の値動きの特徴や傾向についても気づきやすくなります。

ただ、この僕の選択は必ずしも正解ではありません。実際、僕の選択は単なる消去法です。ＦＸＣＭが使えなくなったので、チャートの動作が似ていたオアンダに切り替えたのです。日々、スキャルピングに適したチャートソフトやＦＸ会社は変わっていきます。皆さんも自分に合ったものを探してください。**僕も試行錯誤しながら常に探しています**。

## ●「どんな環境でトレードしているんですか？」

ＦＸ口座やチャートソフトを選んだら、次はトレード環境を整えていきましょう。

トレード環境とは、使っているモニターやパソコンの数、そこにどんなチャートや情報を表示しているかです。
まずは僕のトレード環境を紹介します。

**モニター3枚：チャートや発注ツールを表示**
**モニター1枚：ニュースや情報収集用**
**スマホ2台：発注用**

4枚のモニターと2台のスマホが今の僕のトレード環境です。
ニュースなどの情報は主にXのタイムラインを頼りにしています。タイムラインを手動で更新していると時間がもったいないので「ツイートデック」などタイムラインが自動更新されるツールを使って、気になるものをクリックします。英語のツイートは翻訳ボタンで見ています。

**情報面では、Xに加えてブルームバーグのプロフェッショナルサービスや外為どっとコムの「ロイター赤文字ニュース」を常時表示**しています。

**「ロイター赤文字ニュース」**ではトムソン・ロイター社が配信するニュースを、通常のロイターニュースよりも高速で配信してくれます。日銀の金融政策発表は時間が決まっておらず、正午をすぎると徐々に緊張感が高まってくるのですが、僕は赤文字ニュースで結果を知ることが多いです。ほかよりも配信が早く、安定しているからです。Xでいち早くポストしてくれる人もいますが、安定しているのは赤文字ニュースです。

便利な赤文字ニュースは外為どっとコムのほか、楽天証券やSBI証券などでも一定の条件を満たすと利用できます。ただ、その条件は最も緩いSBI証券でも「月100万通貨以上の取引」なので、少額からFXを始める初心者には厳しいかもしれません。必須ではないので「資金に余裕ができたら使ってみる」くらいでいいと思います。

ブルームバーグのプロフェッショナルサービスは個人が導入するには高額ですが、僕は思い切って導入しました。まだ導入したばかりで模索中ですが、大きな可能性を感じています。

**チャートは米ドル／円、ユーロ／円、英ポンド／円、ユーロ／米ドル、英ポンド／米ドル、米ドル／スイスフラン、豪ドル／米ドル、ユーロ／英ポンドの8通貨ペアを常時**

**表示**させています。**いずれも1分足チャート**です。

トレードするのはほとんどが米ドル／円ですが、米ドル／円が動いたときに**「円の要因で動いたのか、米ドルの要因で動いたのか」を確認するため**、そのほかの通貨ペアも表示させています。

実は、そのほかの通貨ペアについては、以前に手痛い経験をしたことがあります。

２０２２年２月、米ドル／円が急に動きだしたので前のめりになって撃ちまくってしまいました。ウクライナ戦争のニュースがきっかけでした。ウクライナの問題が発端だったので、為替市場ではユーロが主役になっていました。

ユーロ買いのニュースならばユーロ／米ドルやユーロ／円が上がります。ユーロ／米ドルの上昇はドル安、ユーロ／円の上昇は円安なので、米ドル／円はドル安と円安の綱引きでどっちつかずになります。それなのに「ボラが出てる！」と前のめりになって米ドル／円のブレイクを狙っても勝算が下がるだけです。ユーロ主体で動く相場では、米ドル／円の高値・安値など大して意識されないからです。

そんなことを避けるために、僕は米ドル／円を取引するときに、そのほかの通貨ペアも見ています。

## モニター4枚活用のトレード環境

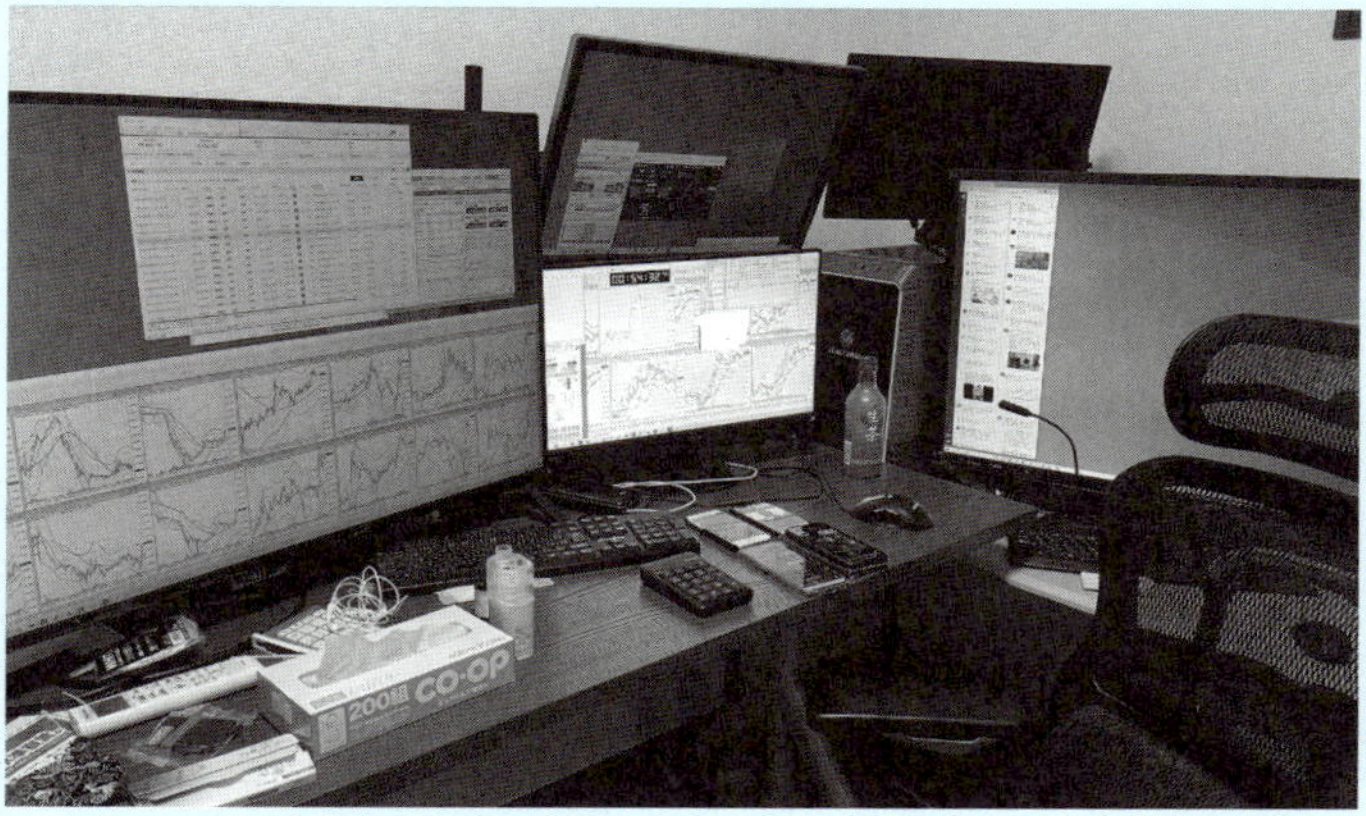


　NYダウ平均や日経平均などの株価指数、米金利、原油やゴールドなどのコモディティは表示していません。「株価指数を見ながら米ドル／円をトレードする」といったやり方があるのはわかりますし、時に株価に引っ張られるかたちで為替が動くこともあります。でも、僕は株価指数を見ていません。
「NYダウ平均が強く、米ドル／円も上がる」という相場があったとします。相関関係の順序としては「NYダウが動く→米ドル／円も動く」です。このようなときには米国株のチャートを見ながら、米ドル／円をトレードすればいいかもしれません。でも、僕がそうしないのは、相関関係の順序として**「上がるときは強いもの（この場合はNYダウ平均）から上がり、下がるときは弱いもの（この場合は米ドル／円）から下がる」**と思っているからです。

これだと下がるときには米ドル／円が先に下がることになり、ダウ平均を見る意味がなくなってしまいます。

ほかの市場との相関でトレードするやり方を否定するわけではありませんが、僕には不要だという判断で表示させていません。

例外があるとすれば、**「特定の時間、特定の市場との相関が出る」**といったときでしょうか。**2023年のある時期、「午前10時10分」が注目されました。日銀の臨時オペ（公開市場操作＝国債の買い入れ）があるかどうかで米ドル／円が大きく反応したのです。**

臨時オペが入れば日本の国債金利が下がるので円安に、入らなければ円高に動くという反応が見られました（図33）。

日銀の臨時オペが入るかどうかは日本の10年物国債利回りの水準が大きく関係します。この時期には10時10分が近づいたときだけ、僕は10年物国債利回りのチャートを表示させていました。ただ、それも10時前後に誰かがXで「今日は入りそう、入らなそう」と警告してくれていたため、あくまでもサポート的な位置づけです。

## 図33 「10時10分」に見られた値動き

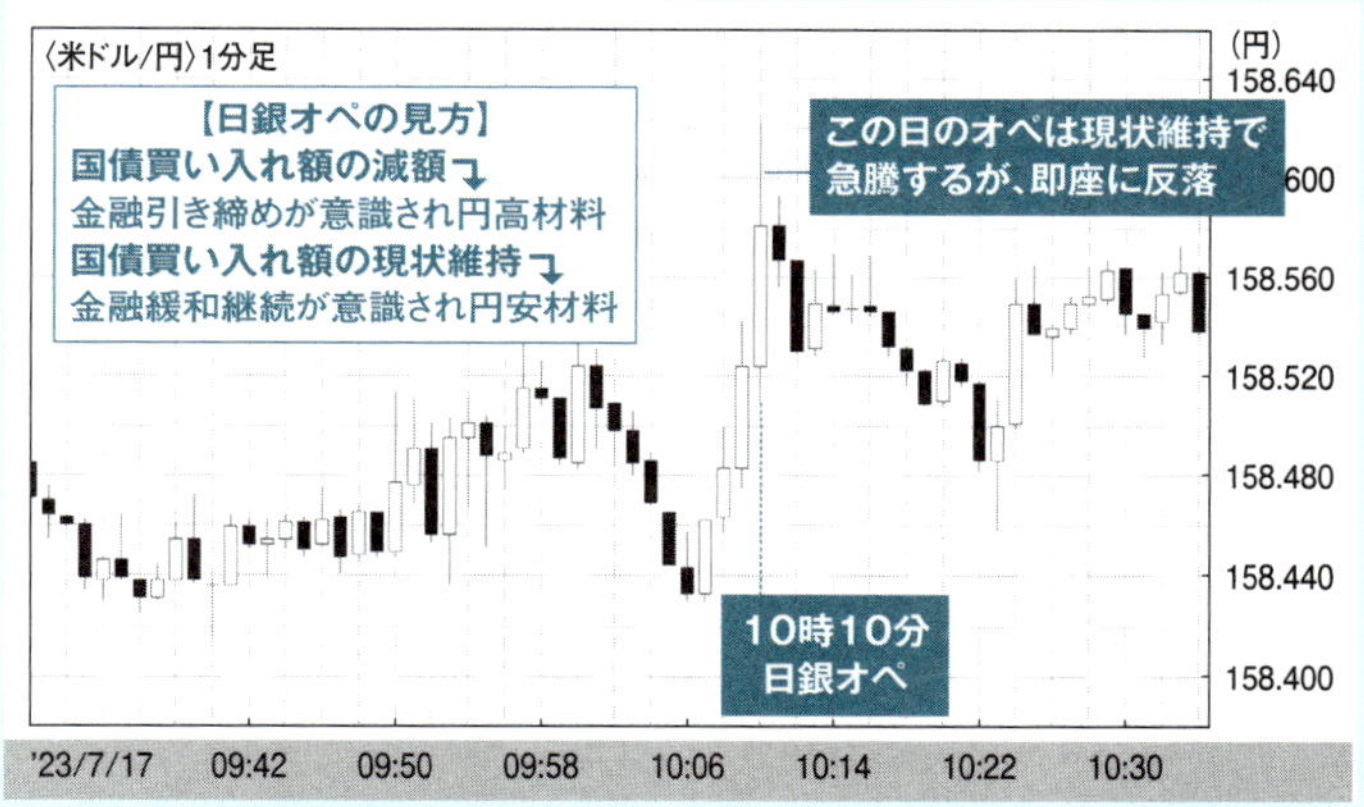


発注用のスマホについて、「最初にスマホを否定していたじゃないか」と言われるかもしれません。ただ、僕は「スマホのみ」でトレードしているわけではありません。モニターでチャートを見ながら、発注ツールとしてスマホを利用しているのです。

ＦＸ口座では1回の発注量の上限を100万通貨としている会社が多くあります。でも僕は1回に300万、400万通貨と発注したい。

そうすると複数の口座を使い分ける必要がありますが、モニターに発注画面を3つ表示させてマウスカーソルを移動させているど時間がかかります。

素早く第3口座、第4口座でも同時に発注するためにメイン口座の発注画面だけモニターに出しておき、第2口座以降はスマホから発注します。エントリーするときは右手のマウスで発注ボタンをクリックし、左手でスマホの発注ボタンをタップ、さらに追加で撃つときには2台目のスマホでもタップする、といった感じです。

スマホからの発注だと、以前は約定速度などの面で不安もありましたが、実際に撃ってみて「スマホだから約定が遅い、勝てない」といったことは感じません。操作性の面ではマウスよりもタップのほうが早いため、発注ツールとしてスマホを利用するメリットは大いにあります。

また、モニターには実際には取引しない口座の発注画面を出すこともあります。より狭いスプレッドで取引できる口座がないかをチェックするためです。

## ●金額を追うか、pipsを追うか

Xのタイムラインでは日々のトレード成績を報告する人がたくさんいます。

見ていると「○月○日　+5万円」といったように金額で報告する人もいれば、「○月○日　+15pips」といったようにpipsで報告する人もいます。pipsは為替変動の最小単位で、米ドル/円の1pipsは1銭になります。

金額で報告するか、pipsで報告するかはもちろん人それぞれではあるのですが、僕のなかでは正解があります。

**1万通貨の取引で100pips稼ぐ人と、100万通貨の取引で2pips稼ぐ人、どちらがすごいでしょうか？**

この問いは、あるスキャルパーの受け売りなのですが、僕らがやっていることの目的を明確にするためには、とてもいい設問だと思います。

僕の正解は後者です。

**100pips獲得するのはすごいのですが、そのトレードが1万通貨単位であれば、プレッシャーはかかりません。**保有するポジションは米ドル/円なら150万円相当です。100pipsで1万円の利益になるので、「十分にプレッシャーのかかるトレードだ」と思う人がいるかもしれませんが、そう思っている間は絶対に億トレーダーにはなれません。

米ドル／円の100万通貨なら1億5000万円のポジションになり、2pips動いただけで2万円の利益になります。僕は300万通貨、400万通貨でその2pipsを何度も取りにいくので、1トレードあたり6万～8万円の利益を積み重ねていくかたちになります。

「pipsを着実に積み重ねられるようになれば、あとは枚数を増やすだけ」という考え方もできるのですが、**1万通貨での取引と100万通貨の取引ではメンタルの負荷だけでなく、約定力も変わってきます**。まったく同じように取引することはできません。

でも、僕らが目指すのは「FXでのスキャルピングでお金を増やすこと」なので、100万通貨での取引は避けて通れません。1万通貨でチマチマやっていてもお金の増え方はたかが知れているからです。

**「お金を増やすためのFX」と「pipsを積み重ねるFX」は似ているようでいて違うゲームです**。サッカーとフットサル、バレーボールとビーチバレーのように似て非なる関係です。

大きく失うのが嫌だからといって、**いつまでも1万通貨で取引していてもお金は増えません**。どこかで**ロットを増やす勇気**、あるいは資金を投入する勇気を持たないといけません。

ロットを増やすないしは、資金を投入するタイミングはいつなのか？

「勝てるようになったら」というのが理想ですが、現実はそううまくいくとは限りません。

「1万通貨で勝てるようになったから100万通貨に増やそう」と思っても、どこかでごっつい負けを食らう可能性が高いのです。

FXを続けている限り、この負けは不可避ではないだろうかとも思います。大切なのは、ごっつい負けを食らってノックアウトされたときに、もう一度立ち上がる気力を保てるかどうか、です。

一度KOされ、それでも立ち上がってきた人間は強い。勝負にかける本気度が違うからです。1年間働いて貯めた100万円を1週間で失った……。精神的なダメージは甚大ですが、それでも立ち上がるからこそ、〝先〟がある。本気度が違うし、ものすごい集中力を発揮できるはずです。

理想はKOされることなく勝ち続けることですが、多くの人はどこかで必ずKOされます。それでもFXに魅了されて、家族も仕事も友達のことも忘れてしまうくらいになれたら強いということです。

経済的な豊かさでいえば、より**底辺に近い人のほうがFXで成功する確率が高い**と僕は考えます。実際、僕がそうでしたから。

厄介なのは経済的に成功を収めてからFXを始める人です。彼らは100万円を失っても蚊に刺された程度にしか感じないからです。KOされてもゾンビのように立ち上がる資金力があるのは厄介です。

どれだけ負けてもいつまでも本気にならず、ダラダラと資金を追加して負けを積み重ねる可能性が高いからです。

皆さんはなぜ、FXに目を向けたのでしょうか?

FXに目を向ける人は、ある程度の財産があってFXを始める人と、今は経済的に満足できない状況にあり「人生の一発逆転」を狙ってFXを始める人に大別されると思います。

前者は一見、恵まれているようで実はFXに向いていないと考えられるのは、KOされにくいからです。あるいは、KOされて手痛い傷を負ったときには、FXで簡単に取り返せる金額ではなくなっているからです。

でも、底辺に近い人は泥水をすすった経験があります。１００万円を失ったら引退勧告に等しい彼らが、ロープにしがみついてでも立ち上がれば、そのときは勝ったも同然です。

## ●個人プレイからチームプレイへ

「新しいＦＸのかたち」というと大げさかもしれませんが、この10年ほどで大きく変わったのではないかと思うのが**「個人プレイからチームプレイへ」**という流れです。

ここで言うチームプレイとは、**日々のトレードを通じて得られた知識や経験、気づきを共有し、お互いに高め合っていくようなチーム**です。

ＦＸではＳＮＳを使いこなせないと不利になりますし、ＳＮＳを存分に活用するために仲間の存在が大切になってきます。ちょっとしたことでもレス（返信）し合うような仲間の存在がモチベーションアップに繋がるからです。

僕自身、古い付き合いの仲間と話しながらトレードすることがあります。ほとんどが雑談ですが「今日はこんな成績だった」「この場面が取りやすかった」などとトレードを振り返ったり、「その場面でどうやって入ったか」といったトレードの検証、「日銀政策決定会合の前後はどんな方針でトレードするか？」といった戦略の確認をすることもあります。

僕が仲間とトレードするようになったのは勝ち始めてからのことでしたが、仲間の存在が僕の収益を伸ばしてくれたのは間違いありません。**「ジュングループ」**なんて呼んでもらっていますが、決して僕がリーダーというわけではなく、それぞれが強みを備えた独立した個人投資家の集まりであり、お互いに切磋琢磨する仲間たちです。

最近のトレーダーを見ていると、勝ち始める前からグループを形成していることも多いようです。僕が親しくしているトレーダーのナナキさんもそんな一人です。

第8章にも登場しますが、まだ勝てていない頃、一人でのトレードに限界を感じたナナキさんはあるFX配信者の呼びかけに応じてFXグループに参加しました。5人の兼業トレーダーによるグループです。

これから収益を伸ばしていこうという5人でしたが、**毎晩チャットしながらトレードすることでモチベーションを維持し、ナナキさんたちは億トレーダーへと育っていきま**

**した**。

SNSを見ていると、同じようなグループがいくつかあります。「一緒にトレードしませんか？」と呼びかける投稿を見かけることもあります。

もし本気でスキャルピングに取り組むなら、**グループの結成を呼びかけたり参加することも飛躍のきっかけに**なるかもしれません。

## ●「面倒くさい」の壁の先にある景色

ジュンのやつ、面倒なこと言ってるなぁ……。

あれこれ説明してきましたが、心の中でそう思った人がいるかもしれません。

「面倒くさい」って言われると、僕も「面倒くさいな」と思います。「FXで人生を一発逆転させるために、この本を手に取ったんじゃないの？」と。

エリートは学生時代にコツコツ勉強してきたからエリートになっているわけです。彼らと同じところへ行きたいなら**「面倒くさい」とか言っている場合ではない**んです。

FXはラクして稼げるものではありません。

先ほども説明したように、トレードの難易度は１００万通貨でも1万通貨でも変わりません。

夜中に相場が動いてチャンスが訪れた――でも眠い。そんなときにトレードするのはしんどいし、時には食事やトイレも我慢してチャートに張りつかなあかんときもあります。トレード、トレードで家族との時間だって犠牲にしています。

あなたが学生時代に「勉強なんて面倒くさい」と言って遊んでいた間、エリートは勉強机にしがみついて汗水流しながら勉強し、その結果、学歴や高収入を得ています。その事実に気づいた今になって、面倒くささを乗り越えて受験勉強をしても、もう遅い。でも、ＦＸには「もう遅い」がない。今から始めても間に合うのがＦＸです。それなのに「面倒くさい」と言っていたら、学生時代の二の舞いです。

逆に言いましょう。**「ＦＸは面倒くさいからチャンスがある」**のです。

あなたが「ジュンの言うことは面倒くさい」と思うということは、他の人も同じように感じています。「面倒の壁」の前に挫折して、回れ右して本書を閉じてしまう人もいるはずです。

だとしたら、あなたはそれを喜ぶべきです。ＦＸはゼロサムゲームの世界だと言いました。周りが強いプレイヤーだけになったら、あなたの取り分が減るか、奪われる側になってしまいます。

**周りがみんな「面倒くさい」と言っているなかで、あなただけが「面倒の壁」を乗り越えれば、あなたが奪う側に回る確率が高まります**。

「チャートの動きを録画して見直して反省、検証する」「過去のチャートを見返して傾向が出ていないか探す」といったことは有効だと思っていても、みんなはやりません。面倒くさいからです。面倒の壁を乗り越えてやった人が今、成功しています。

スキャルピングは、こうしたことの積み重ねです。高値・安値やラウナンをブレイクするまで1時間、2時間と待たされるのはしんどいし、辛抱してやっとブレイクしたのに損をすることだって頻繁にあります。でも、ラウナンでは利益になる確率が高いから、僕らは待ち続けるのです。

高値のレジスタンスライン手前まできて、抜けるそぶりを見せながらも抜けずに損切りを余儀なくさせられる。それを何度も繰り返して「切って、切って、切って」と小さな損切りを繰り返したあげくにやっと抜ける。「これで一気に値が飛ぶやろ」と期待する場面ですが、値動きが止まって一瞬で戻る。モニターを殴りたくなる場面です。

「何をやってるんだろう、これだったら寝ていたほうがマシだ」

そんなふうに思うことは日常茶飯事です。

**面倒くささはメンタルへの負荷**とも言えます。

ラインの手前でいかにも抜けそうな動きをしているときに、逆張りするのはメンタルに大きな負荷がかかります。「右へ倣え」で抜けを狙ったほうが心理的に快適だからです。でも、みんなが嫌がるから生まれるトレードチャンスもあります。

**メンタルの負荷が大きい、起きるのがつらい、面倒くさい――。そういうところから生まれるトレードのチャンス、攻略法はたくさんあります**。

「朝起きるのがしんどい？　しんどくても金になるんやったら、そのほうがええやん」

僕はそう思うタイプです。皆さんはどうですか？

面倒くさいこと、しんどいことをやって、それで人生の一発逆転が狙えるなら、やったほうがいい――。

そうは思いませんか？

# 7

## スキャルピング前の準備

### まとめ

広いスプレッドの口座や海外FX
――不利なことはやらない

「上げるときは強いものから、
下がるときは弱いものから」

スマホ1台の「ながら」トレードで
稼げるほどFXはラクではない

「仲間」を作り、
個人プレイのFXをチームプレイに

「面倒くさい」の壁の向こうに
“奪う”側の世界がある

# 8 スキャルピングの手練れたち

## ●2人の先輩トレーダーから学んでほしい

最後に僕に影響を受けたと言ってくれている2人のトレーダーを紹介します。一人目のはんさんはＹｏｕＴｕｂｅでの配信に注目して、声をかけさせてもらいました。現在、誰もが見られる形でスキャルピングの配信をしているトレーダーのなかで僕が最も注目している人です。最初に、ＦＸで勝つ人にはセンス型、努力型、手段を選ばない人の3つのタイプがあると話しましたが、はんさんは努力型であるうえに、社交性もあり手段を選ばない面もある人です。

もう一人のナナキさんは典型的な努力型です。僕から見てもセンスがあるようには思いませんでしたが、ＦＸ歴4年で2億4000万円を稼ぐまでになりました。「ジュンの一番弟子」と言われることもあるナナキさんですが、決して手法などを細かく教えたわけではありません。本書に記したような土台となる考え方を伝えただけです。それをナナキさん自身の努力で手法に落とし込んで成功しています。

キャリアや資産など、皆さんにより近い立場でトレードしている2人の話からは、いろんなヒントが見つかるはずです。

## ●秒スキャトレーダー例①はんさん

「自分のなかで大きかったのは、ＦＸコレクティブに参加し、ジュンさんやナナキさんと話せたことでした」

そう振り返るのは、はんさん。秒スキャの様子をライブ配信するＹｏｕＴｕｂｅチャンネルが人気を集めている専業トレーダーだ。はんさんがＦＸを始めたのは２０１０年。トレード歴はジュン氏と2年しか変わらないが、トレードが花開くまでには12年の歳月を要した。

「最初は〝短めのデイトレード〟というか今でいう『分スキャ』（分単位のスキャルピング）のようなトレードでした。頼りにしていたのは、もっぱらテクニカル分析のインジケーターです。どのインジケーターが効くのか、めちゃくちゃ検証しました。移動平均線やＭＡＣＤ、ストキャスティクス、ＲＳＩ、ＲＣＩ――。それぞれに従ってトレードしたら、どうなったか、過去のチャートで検証し、ノートに手書きしていきました」

はんさんが見いだしたＦＸで勝つための結論は意外なものだった。

「結論としては『**ＦＸはインジケーターだけでは勝てない**』。横軸の時間の分析であったり、何らかの裁量を入れないと勝てないと思いました。しかし、裁量を入れると成績のブレが大きくなります。実際にＭＡＣＤをもとに裁量を入れながらトレードしましたが、１００万円近く勝てる月があれば負ける月もあり、収益が安定しない。会社を退職して臨んだＦＸでしたが、見切りをつけて別の事業に専念するようになりました」

その後、はんさんがＦＸに帰ってくるのは２０２０年。専念していた事業の成長が止まったことがきっかけだった。

「今までと同じやり方では無理だとなり、ＦＸでもやるか、と。久しぶりすぎて『注文ってどうやって入れるんだっけ？』というところからのリスタートでした」

以前のようなデイトレードを再開したはんさんだったが、思ったほどの収益を出せず、トレード成績は低迷が続いた。

「そんなときに見たのがジュンさんのＹｏｕＴｕｂｅ配信でした。当時は毎週配信してくれていたのですが、勝ちトレードも負けトレードも包み隠さず明かしてくれるところに惹かれたんです」

はんさんがその配信で目にしたのは、自分のトレードスタイルとはまったく異なるものだった。

「秒スキャはやったことがなかったし、どうやってトレードするのか、まったくわかりませんでした。でも、配信を視聴しているうちにだんだん見えてくるものがありました」

ジュン氏やゲストとして出演している人が漏らす、ふとしたひと言にヒントが詰まっていたという。

「例えば『この安値はどうするか』なんて話していたら、その安値がトレードすべきポイントなんだとわかるし、『ここはすぐ食っちゃう（利益確定しちゃう）よね』と言っていたら決済の考え方も見えてくる。そうやって学んでいったんです。数十本あるジュンさんの配信のアーカイブは全部見ました。僕にとってそれは宝の山でした」

はんさんが秒スキャを始めたのは２０２１年10月。その翌年の3月から大きな円安相場が始まった。

「『勝てるようになるまでは1万通貨で』と思っていました。勝てないのに枚数を増やしても資金が減るだけなので。ところが、いつまでたっても勝てない。それなのにXを見ていると、僕とキャリアがそう変わらない秒スキャ勢がすごい勢いで稼ぎ始めていました。その当時の僕は迷路に迷い込んでいたのです……」

当時を「本当につらかった」と振り返るはんさん。本書で説明したような高値・安値やラウナンの攻防での立ち回り方は理解していたが、あと一歩の壁が破れず、低迷が続いた。資金は一時25万円まで減ったという。

「自分は慎重派なんです。自分なりに『こうなのかな』という光は見えていたのですが、確信が持てなかった。そんなとき、**ジュンさんが登壇するFXコレクティブ**というイベントが開かれたんです」

FXコレクティブはジュン氏が中心となり年2回、開催されているFXイベントだ。

「そこでジュンさんが見せてくれたのが実際の取引データの分析シート。ジュンさんの勝率や平均保有時間、ペイオフレシオ（平均利益÷平均損失）は自分のイメージどおりだったんです」

当時の資料を見返すと、**勝率は56％、ペイオフレシオは1・62、平均保有時間は勝ちトレードが24秒で、負けトレードが22秒だった。**

「エントリーに多少の違いはあっても、秒スキャである限り、勝率やペイオフレシオは似てくるものだと思っていましたが、それが確信できた。その後、勝てるようになってからの自分も大きく変わらない数字でした」

はんさんは会場で、勇気を振り絞ってジュン氏に話しかけたという。

「『自分はこんなタイミングでトレードしているんですけど、間違ってますかね？』と聞いてみました。魚そのものをもらっても、釣り方がわからないとそのあと生きていけない。だから自分なりの釣り方や考え方の道筋を間違えていないか、確認したかったんです。ジュンさんの答えを聞いて、自分の考えが間違っていないことが確認できました」

もう1つ聞いたのが「めちゃくちゃ負けますよね？」だった。

「ブイブイ言わせている偽トレーダーがするのは勝っている話だけ。でも、実際には正しいことをやっていても負ける日がある。自信を失いそうになりますが、そこでエントリーの考え方を変えてしまうと、迷いの森から抜け出せなくなる。ジュンさんも負けるし、負けたらキツイんだと確認したかったんです」

はんさんの成績はFXコレクティブをきっかけにして急浮上していく。**2022年10月には25万円まで減っていた証拠金を追加入金することなく100枚（100万通貨）で撃てるまでに増やし、1年5か月で約3400万円を稼ぐまでになった。**

そうした経験を踏まえて、これから資金100万円で秒スキャを始めるなら、どうスタートを切るべきか？

「性格にもよると思いますが、まずは収支をプラスにしてから枚数を増やすのがベストだと思います。僕は勝てるようになるまで1枚（1万通貨）でトレードしましたが、デモ口座を利用してもいい。ただ、デモや1枚だと真剣になれない人もいると思います。そんな人は『100pips負けたら痛い、悔しい、飯が喉を通らない、もうムリ……』と思えるくらいの枚数でやるのがいいのでは」

資金が100万円なら最大16万通貨ほどの取引ができるが、100pips負けると損失は16万円。これだと大きすぎると感じる人は、10万通貨（100pipsの損失は10万円）、5万通貨（100pipsの損失は5万円）、あるいははんさんのように1万通貨（100pipsの損失は1万円）へと減らして**「月次でプラスになる」ことを目指してから、取引量を増やしていこう。**

「**僕がトレードするのは9時から11時、15時すぎから18時、21時から24時。それぞれ東京、ロンドン、ニューヨーク各市場の始まりから2、3時間**です。午後は別の仕事をしていることが多い。24時すぎからはYouTubeでライブ配信する日もあります」

はんさんの配信には秒スキャの有名トレーダーが数多く集まり、まるで社交場のようにもなっている。

「ＹｏｕＴｕｂｅを始めたのは２０２３年1月から。あわよくばＦＸ以外に収入の柱を築けたらという思いもありましたが、一番大きな目的は配信を通じてトレード仲間をつくることでした。人にもよると思いますが、**仲間はいたほうがいい。一人だとチャートを監視するための『目』は2つですが、仲間がいれば4つ、6つと増えていく**し、誰かと話していると気づくこともある。負けているときは誰かに慰めてほしいですし（笑）」

だが、ＹｏｕＴｕｂｅでの配信はハードルが高いと感じる人も多いだろう。その場合でも、最低限Xを通じたトレード成績の発信はすべきだという。ＳＮＳを通じて、トレード仲間が自然とできあがるためだ。

実は、はんさんのトレード環境は比較的簡素なものだ。

「ＩＴ関連の仕事のためモニターは複数あったので、普段はそれを使っています。ただ、僕は旅行中にトレードすることもあります。混雑するのが嫌なので日曜から月曜までの1泊2日で旅行することが多く、そのときは月曜の午前中はノートパソコンでトレードします。それで十分です」

画面構成は1分足とティックチャート。それに情報を得るためのXだという。

「ウィンドウズには**『仮想デスクトップ』**という機能があり、タッチパッドを3本指でスワイプすると簡単に切り替えられます。**『デスクトップ1』にチャートと発注画面を表示させ、『デスクトップ2』にはXなどの情報画面を設定しておくと、ノートパソコン1台でも秒スキャ環境を構築できます**」

トレード履歴は日々収集して、自身の成績を細かく分析できるようにしている。

「複数のFX口座を使っているのですが、各社の**取引履歴をダウンロードし、エクセルでまとめて管理**しています。チェックするのは勝率やペイオフレシオ、取引回数、保有時間など。こうした数字は常に把握しておきたいんです」

記録のつけ方は人それぞれだが、はんさんはかなり細かく分析するタイプのようだ。

「勝率が悪くてもペイオフレシオがいつもどおりなら『そんな日もあるかな』と割り切れますが、どちらも悪いと『相場が秒スキャ向きではなくなっているかもしれない。手数を控えようか』と考えたりします。僕は順張りトレードを得意とするタイプなので、ペイオフレシオが悪いということは利益が伸びないか、メンタルが崩れて損失が大きくなっているかのどちらかだからです」

ジュン氏の背中は遠すぎると感じる人も、はんさんならもう少し身近に感じられるはず。ぜひそのやり方を参考にしてほしい。

## ●秒スキャトレーダー例②ナナキFXさん

「ジュンさんと話す機会があり『配信してみれば』とアドバイスをもらいました。それがYouTubeを始めたきっかけです」

そう振り返るのは専業トレーダーのナナキFXさんだ。**トレードの様子を公開するYouTube配信を始めたのは2022年3月。利益が1億円に到達した2023年10月まで続けた**配信は多くのトレーダーに影響を与えた。

「もともと私自身も、あるトレーダーのYouTubeを見てFXを始めました。Akiさん（@aki_fxl）は中期でポジションを保有し、含み損にも耐えながら利益をあげていくスイングトレーダーでした。FXを始めて5か月ほど経った頃、Akiさんの配信にゲストとして出ていたのがジュンさん。その配信で『秒スキャ』を知り、『こんなトレードスタイルがあったのか』と衝撃を受けたんです」

秒スキャを知ったナナキさんはスイングトレードからデイトレード、さらに分スキャへと取引時間を短くしていった。

「スイングトレードが自分には合わなかったこともあり、取引時間を短くしていったのですが、それでも勝ち筋が見えなかったため、秒スキャ1本でやっていこうと切り替えました。ただ、秒スキャと言いながらも、含み損も含み益も握ってしまう。すぐには切り替えられず、資金は減っていく一方でした」

**学資保険を解約して作った240万円の資金はスイングトレードによる140万円の損切りで100万円を割るまでに減っていた。**そこで背水の陣を敷いた。

「ジュンさんが『秒スキャは芽が出るまでに3年くらいかかる』と話していたんです。それで、ダラダラ続けるのではなく3年で結果を出そうと、**家族には『3年待ってくれ』**とお願いしました。仕事をしながらFXに時間を割くとなったら家族と過ごすプライベートの時間を削るしかない。家族に使うべき時間をFXに向けました」

一人でトレードしていたナナキさんはFXグループにも参加した。

「ジュンさんも仲間をつくることの大切さを話していますが、僕も秒スキャへ転向して半年後くらいに**ユーキさん**（@yuki_fx17）の呼びかけに応じてグループに参加しました。ユーキさんの配信を見てメッセージを送ったんです。ユーキさんはのちに億トレーダーになったのですが、最初から専業を目指していて志も高かった。トレードも上手だったし、人脈もあった。当時は仕事から帰ったら即チャートに張りついて、グループの

## 専業になるまでにナナキさんがやったこと

| | |
|---|---|
| 「3年」に区切る | 「勝てるようになるまで3年はかかる」と考え、3年未満で退場しないよう損切りから練習した |
| 家族との時間を削る | FXの時間を捻出するため、3年間の約束で家族と過ごす時間を削減。仕事後は即チャートへ。休日も検証 |
| 成功者に忠実に | ゼロを1にするのは難しい。ゼロから考えるのではなく、成功者の言葉を素直に取り入れて実行した |
| チャートを動画で録画 | 休日などに見返して値動きのパターンを探るほか、不調のとき自分を客観的に振り返った |
| ユーキグループへ参加 | チャットしながら取引しモチベーションを維持するとともに一歩先ゆく仲間の背中を追いかけた |
| 仕事中にイメトレ | 休憩中は「損切りすればお金が増える」とイメージし、損切りの大切さを心に染み込ませた |
| YouTube配信 | 配信することで「下手な姿は見せられない」と自制心が働く。仲間の輪が広がり上級者からの助言も |
| 手法別に記録を仕分け | 取引をチャートに記録するだけでは効果がなかったが、手法ごとに仕分け・分析し得意・不得意が明確に |

仲間と毎晩2、3時くらいまでチャットしていました。振り返ると大した話をしていたわけではないのですが、モチベーションの維持という面で大きかったです」

ナナキさんは自ら大きく環境を変えた。その1つが、冒頭に紹介した2022年3月から開始したYouTubeでのトレード配信である。

「少しずつ勝てるようになり飛躍の年だと思った2022年ですが、1月、2月と負けてしまった。3月前半も負けていて『この大相場で勝てないのはヤバい』と危機感を抱いていました。そんなときにジュンさんの言葉もあり、YouTu beを始めたんです。**人に見られることで恥ずかしいトレードはできないというプレッシャーを感じつつ、自分を客観視できるようにもなった。**エントリーのタイミングであったり、自分では優位性があると思っていたポイントが見直してみるとそうでもなかったり、と気づきも多かった」

即効性があったのか、3月後半に挽回し、月次収支は8万円のプラスに。4月は16万円、5月は2万5000円と黒字を継続することに成功した。大きな実りを得たのは、その翌月の6月。一気に月次で457万円ものプラスを叩き出したのだ。そこには、1つの要因があった。

「自分が勝てるようになったきっかけは**トレード記録**にあります。最初は自分の手法を順張りや逆張りなどいくつかに分類して勝ち負けの数字を記録していましたが、正直、有効活用できていませんでした」

再び記録に着目したのは、これも億トレーダーでありジュン氏が憧れた存在でもあるジジさん（@zizifx0123）の言葉がきっかけだった。

「言われても9割の人はやらないが、トレード記録をつけることが必要」

この言葉を聞いてトレード記録の重要性を再認識したナナキさんは記録のつけ方を見

## 数字だけの記録では効果が小さい

| 4月19日（月） | | | | |
|---|---|---|---|---|
| ①S 1.0 1分5秒 | ❶S −2.1 3分10秒 | ②S 0.2 16秒 | ❷S −0.6 1分2秒 | ③S 0.2 50秒 |
| ①S 1.0 1分8秒 | ❶L −0.7 3秒 | | | |
| ①S 1.3 1分4秒 | | | | |
| ①S 0.9 4秒 | | | | |
| ①S 0.7 12秒 | | | | |
| 合計 4.9 | 合計 −2.8 | 合計 0.2 | 合計 −0.6 | 合計 0.2 |
| | | | | |
| 合計 1.9 | | | | |
| フィックス 1.1 | | | | |
| | | | | |
| 4月20日（火） | | | | |
| ①S 0.4 14秒 | ❶S −0.5 27秒 | ②S 1.3 17秒 | ❷S −1.1 9秒 | ③ |
| ①S 0.6 1分9秒 | | ②S 0.8 15秒 | | |
| ①S 0.6 14秒 | | ②S 0.7 8秒 | | |
| ①S 0.3 27秒 | | | | |
| ①S 0.7 17秒 | | | | |
| 合計 2.6 | 合計 −0.5 | 合計 2.8 | 合計 −1.1 | |

「売り（ショート）を17秒で手じまい、1.3pipsの利益」。①と②は手法の違いを意味する

直す（上図）。

「それまでは数字を記録していただけですが、同じ手法でもチャートの形は違います。そのため**エントリー時・決済時・決済30秒後それぞれの5分足・1分足・ティックのチャートを画像として残すようにした**んです。それとともに常時、録画していたチャートの動画を見直すようにしました。一方で、努力型の自分はドカンと大きく負けることがほとんどない。記録をつけているため『こんな相場は勝てない』というのを認識していて、逃げ足が早いからだと思います」

本書の第3章では損切りについて「即切り派」と「待って切る派」があることを紹

介した。**ナナキさんは「違うと思った瞬間に損切り」する即切り派**だ。

「少しは様子を見て待って切ることもありますが、自分にはセンスがないと思っているので基本は即切りです。即切りだと、一度の負けでドカンと食らうことが少ないため、暴走しにくいのがメリットです」

トレードしていると「あそこはもっと稼げたのに」と後悔することがある。でもナナキさんの場合は**「あそこはもっと早く切れたのに」と後悔することのほうが多い**という。

「マイナス3pipsで切ったトレードを、1pipsで切れていたらもっとお金が残ったのにと考えるほうなんです。勝てない時代、切り遅れて大きく損をしてしまうことがあったので仕事中、自分を洗脳するように『損切りすればお金が残る』と考えるようにしていました。損切りは悪いことではないと自分に言い聞かせていたんです」

即切りの習慣はこの頃に染みついたようだ。

「ただ、例えば高値やラウンドナンバーのブレイクを狙うときなど、『行きそうで行かない』動きが続いて何度も損切りさせられることがある。そんなときはメンタル面の負荷が大きくなりますが、同じことを繰り返していると最後にはブレイクしてくれて、それまでの負けがチャラになるくらいの〝ごほうび〟がある。それを信じて損切りを繰り返します。だから最後のごほうびすらないようなボラティリティの小さな相場は避けるようにしています」

**家族との約束だった3年がすぎた今、ナナキさんは総額2億4000万円を稼ぐまでになった。**

「性格的に、自分から発信しようなんて思わないタイプでした。今のようにXやYouTubeで発信したり、ましてや投資イベントで人前に立って話すなんて、以前なら考えられませんでした。そんな自分が変わったきっかけはジュンさんの言葉です」

勝てていないんだったら情報発信したほうがいい。何も失うものはないんだから——ナナキさんはジュン氏にこう言われたという。

「それからXで日々の収支報告を始めるようになり、SNSを通じて他のトレーダーと交流するようにもなりました。もしジュンさんの言葉がなかったら、その言葉を聞いて動かなかったら、ほかの人の発信を見るだけ・聞くだけ。一人で閉じこもってトレードするままだっただろうし、今の自分は存在しなかった」

# 8

## スキャルピングの手練れたち

### まとめ

取引履歴をエクセルで管理して
勝率やペイオフレシオを把握

YouTubeでトレード配信を行って
仲間を増やそう

3年で稼げなければやめる
――期限を区切ってFXに取り組め

「損切りすればお金が残る」と
自分に言い聞かせる

自分のトレードを録画し、
見直すことで負けを減らせる

# おわりに

本書を最後まで読んでいただき、ありがとうございました。

とても良い本に仕上がったのではないかと、自画自賛しています。「この本がＦＸトレーダーの必読書になればいいな」などと妄想してもいます。

また、ＦＸトレーダーが株の本も読むように、ＦＸの枠を超えて株や先物などさまざまな分野の投資家にも本書を手に取っていただけたらありがたいです。

投資の初心者、未経験者でも読みやすい内容になっていますので、まったく異なる分野からヒントを探す転移学習の教材としても活用してもらえたらいいなとも思っています。

僕が専業トレーダーになって10年が経ちました。

１つの節目のタイミングに本書を刊行できてうれしく思います。

２０２２年からの超円安相場でＦＸが注目を浴び、僕ら「古参勢」は神格化されるほど持ち上げてもらえることもありますが、思い返せば一筋縄ではいかないことが数多くありました。

年間収支こそ落としてはいないものの、2017年から2019年は苦戦を強いられました。

そんな時期も乗り越え、満たされた今があるのは、どんなときも変わらず関わってくれた皆さんのおかげです。

ここで仲間の何人かにお礼を言わせてください。

まずは、ジジさん（@zizifx0123）。今の僕があるのはすべてジジさんのおかげです。感謝してもしきれません。

近藤FXさん（@fumi6316）には僕がまったく勝てなくなったとき、深夜にもかかわらず、家まで押しかけて相談させてもらいました。

カイルさん（@kairu2）には一番しんどい時期にトレードの考え方などを教えてもらいました。

ヤッタさん（@yattadee）とリョージさん（@fxtengoku）には、為替市場がまったく動かず、苦戦していた時期にバイナリーオプション（ＢＯ）を教えてもらいました。

２０２０年からの大相場ではういおｐさん（@uiop8392）の順張りトレードを参考にさせてもらいましたし、ＨＡＧＥさん（@HAGEsansan）のロットの張り方に引っ張られて大きなロットを張れるようにもなりました。

そんな仲間たちと集まるきっかけをくれたのはオロチさん（@crazy_orocchi）でした。


名前をあげればきりがないのでこのあたりにとどめますが、そのほかにもたくさんの人に支えてもらったからこそ、今があります。こうした仲間たちと切磋琢磨しながら、僕は「チリ積も」で非常に大きな山を築くことができました。

ありがとうございます！


人生観を教えてくれた地元の先輩のＹ社長、どんなときも味方でいてくれたＭさん、ポーカーを教えてくれたｇさん。

皆さんのおかげでこれからも幸せに生きていけそうです。

ありがとうございます！

本書の刊行にあたり、ブログから記事を引用させてもらった黒猫アイランドさん（@kuroneko_island）、ふさん（@foolsmoney1）、インタビューを受けてくれたナナキFXさん（@Nanaki5568）、はんさん（@hansan_fx）、ありがとうございます。

FXライターの高城泰さん、扶桑社の池垣完さん、犬飼孝司さん、家族やリスナー、多くの人に助けられ、支えられ、なんとか初の著書を出すことができました。

ありがとうございます！

これからも皆さんに支えてもらいたいので、買ってくれた人は本の写真を撮ってSNSに感想を投稿してね！

みんな、ありがとう！

2024年8月1日　ジュンFX

## ジュンFX

専業トレーダー。激務・薄給のブラック企業に務める絶望の時代に人生の一発逆転を託し、2008年にFXを始める。情報商材や偽トレーダーなどに騙されるなど成果の出ない5年間を過ごすが、エントリーから決済までを秒単位で完了させるスキャルピングの取引スタイルと出会ってから成績が改善。FX会社による取引環境改善の追い風もあり、2016年頃に収益が1億円の大台へ、2022年には10億円に達する。YouTubeやニコニコ生放送で行っていたトレード配信は多くのフォロワーを生む。2022年から個人投資家による個人投資家のためのイベント「FXコレクティブ」の講師を務めるなど、後進の育成にも注力する。朝日新聞や日本経済新聞などメディア取材も多数。@jun123789


# チリが積もって15億
## FXで成り上がった僕とあなたの微差


発行日　2024年 8 月31日 初版第1刷発行
　　　　2025年 7 月10日　　第7刷発行

著　者　ジュンFX

発行者　秋尾弘史

発行所　株式会社 扶桑社
〒105-8070
東京都港区海岸 1-2-20 汐留ビルディング
電話　03-5843-8194（編集）
　　　03-5843-8143（メールセンター）
www.fusosha.co.jp

印刷・製本　サンケイ総合印刷株式会社




Printed in Japan　ISBN978-4-594-09709-7